학술 원고 작성 매뉴얼

The KAPA Publication Manual

김병섭, 박홍식
김준기, 김태일, 이창길, 정진우, 한승준
공편

도서출판 대영문화사

머리말

한국행정학회는 근 60년의 역사, 1,800여 명의 회원을 가진 거대 규모의 사회과학 분야 학술단체이다. 행정학 분야 대표 학회이기도 하다. 학회는 그동안 회원들의 괄목할 만한 연구 성과를 통하여 국가 발전에 기여한 바가 적지 않았다.

하지만 이러한 성과나 평가 이면에 학회는 회원들의 연구 활동에 필수적인 학술 원고 집필에 관한 포괄적이고 세밀한 표준 양식조차 마련하지 못한 채, 1~2페이지 간이(簡易) 지침에 의존하는 형편이다. 현재는 이마저도 너무 오래되어, 새로운 매체의 출현에 따른 다양한 형태의 출판 및 집필 활동을 온전히 뒷받침하지 못하고 있다. 특히 최근의 디지털 기술, 인터넷 통신의 발달에 따른 전자책, 온라인 자료 등의 대거 등장, 저작권 보호의 필요성에 대한 인식의 증대 등 새로운 저작 환경은 연구자들에게 염려와 혼란의 가중을 예고한다.

이런 가운데 다양한 분과 학회, 연구소들의 수가 급증하고, 이들이 한국행정학회의 기존 지침을 답습하면서, 이의 확산과 고착화의 경향이 나타나고 있다. 심지어 일부 학회는 이와 다른 새로운 양식을 채택하면서 연구자들이 기존 지침 외에 또 다른 양식을 익혀야 하는 부담과 불편에 직면하기도 한다.

집행부는 이러한 문제는 지체하면 그만큼 악화될 수밖에 없다는 점에서 학술 원고 작성 및 문헌 인용에 관한 표준 양식(bibliographic citation formats)의 개발을 계획하였다. 편집위원회 주관으로 2011년 1월부터 편찬에 착수하여 이제 그 결실을 보게 되었다. 목적은 행정학 분야 연구자 간 연구 성과의 소통과 공유 촉진이나 1차적으로 연구자들이 원고 집필 과정에서 지침에 준거 규정이 없어 겪는 혼란이나 불편을 줄이는 것이다. 또 다른 양식을 익히는 데 따른 부담 등도 덜 수 있을 것이다. 이것은 궁극적으로는 행정학 분야 지식 성장에 대한 의미 있는 기여가 될 것이다.

이번 매뉴얼 출간이 행정학 분야 학술단체 및 구성원들에게 공통 양식으로 활용되어 원고 집필의 편리를 돕고 지식 성장에 도움이 되기를 희망한다.

2011년 11월

한국행정학회 회장

김병섭

KAPA

학술 원고 작성 매뉴얼 개발의 원칙과 기준

편집위원회는 학회 원고 작성 가이드라인을 편찬하면서 1차적으로 『한국행정학보』가 그동안 사용해 왔던 기존 지침을 토대로 내용을 확장, 구체화한다는 방침을 채택하였다. 또 최근 저술 및 출판 환경의 반영, 한국 전통 문헌, 행정 분야 학술자료 인용상의 고유성, 국문 글쓰기 특징 등을 고려하고자 하였다. 나아가 매뉴얼 개발의 이유를 행정학 분야 학술 원고 작성 양식을 사회과학 다른 분야 및 해외 양식과 가능한 일치시켜 소통과 교류를 촉진하고, 개별 연구자의 불편과 부담을 축소한다는 것으로 이해하여, 기존 지침에 준거하되 다른 학문 분야와의 협력에 소홀함이 없도록 노력하였다. 또 기존 지침을 바꾸고 확장을 하되 연구자들이 이로 인하여 겪는 혼란을 최소화하고, 나아가 다른 분야 및 해외 학술지 기고 시에 얻는 편익은 그만큼 늘린다는 것이었다.

좀 더 구체적으로는 한국 사회과학 분야 대부분의 출판물이 오늘날 미국심리학회 양식(이하 APA style)을 채택한다는 점에서, 원고 작성 및 출판 지침 개발에 *Publication Manual of the American Psychological Association* (6th ed., 2010)을 준거적 자료로 활용하였다. APA 양식은 본문에서는 인용 문헌의 저자와 연도를 표기하고, 논문의 끝에 저자 이름의 알파벳순으로 참고 문헌 리스트를 만든다. 다음 이 목록에서 본문 인용 문헌의 구체적 서지 정보를 제공하는, 즉 저자, 연도 방식이다. 오늘날 사회과학 분야뿐만 아니라 생물학, 식물학, 지구과학 등의 학문 분야에서도 이 양식을 사용한다. 학회 기존 지침도 이것에 기초한 것이어서, 회원들은 이미 여기에 익숙하다. 따라서 이것을 준거로 삼는 경우 연구자들이 해외 학술지 기고나 저서를 출판할 때 다른 양식을 숙지하여야 하는 추가적 수고를 그만큼 줄일 수 있을 것으로 기대하였다.

이 기준으로 미흡할 때, Chicago style (Turabian style)을 2차적으로 참고하였다. 이 양식은 본문에 위 첨자로 번호를 달고, 페이지 하단에 인용 출처를 밝힌다. 참고문헌 목록은 별도로 작성하지 않는 것으로, 역사, 철학, 종교 및 신학 등의 인문과학 분야뿐만 아니라 예술 분야에서도 여전히 많이 활용된다. 행정학 분야도 과거 이러한 양식을 사용하였다는 점이 고려되었다.

대부분의 학문 분야 역시 기존 지침 중 어느 하나를 기준으로 삼고 다른 것을 참조하여 출판 양식을 개발한다. 이 매뉴얼에서도 이러한 방식을 사용하였고, 국문 표현 및 문헌 인용의 표기에는 국립국어원의 한글 맞춤법, 표준어 표기법 등을 참조하였다. 기타 학술 원고 작성 시 부딪칠 수 있는 여러 예외적 상황을 상정하여 양식에 반영하였다.

나아가 연구자들이 원고 작성 과정에서 반복하여 이용하거나 참조할 필요가 있는 대표적 사항은 별도로 '예시'를 만들었다. 본문 작성 및 인용 문헌 표기 설명에서는 최근에 출판된 다양한 저서, 논문, 보고서 등을 자료로 활용하면서, 개별 사례를 제시하였다. 편저자들은 이들 자료를 선정할 때 "학술 원고 작성 매뉴얼 개발의 목적이 최대한 구현되도록 한다"는 원칙을 적용하였다.

다음은 이러한 기준들의 예시이다.

첫째, 행정학 분야 고전, 국내외 학회로부터 우수한 저서, 학술지 논문, 학위 논문 등으로 평가받은 책이나 논문, 저자들을 우선 활용한다. 예를 들면, 저자의 경우 Wilson, Riggs, 정인흥, Frederickson 등이다.

둘째, 첫째 조건에 해당되는 적절한 자료를 찾지 못하는 경우, 가능한 최신 자료를 활용한다.

셋째, 『한국행정학보』에 게재되었던 논문을 주로 활용하여, 다른 학회 인용 지침과의 혼란이나 저작권 문제를 피한다.

기타, 자료 선정에 균형을 기한다.

국문 문장, '훈글'과 파워포인트(Microsoft PowerPoint) 사용을 기준으로 하되, 연구자의 편리성 개선을 위하여, 기존 지침 중 일부를 변경하였다. 이전과 달라진 것 몇 가지를 소개하면 다음과 같다.

첫째, 참고 문헌에서 저자 이름 다음에는 마침표 온점(.)을 찍지 않는다. 과거에는 "박동서. (1990). 『한국행정론』 … "이라고 했으나, 저자 이름 다음에 '.'은 국문 표현에서는 효용이 적어 쓰지 않기로 하였다.

둘째, 글꼴은 '바탕'을 기준으로 한다. 기존에는 '신명조'였으나, 파워포인트에는 해당 글꼴이 없어, 호환의 곤란을 없애기 위한 것이다.

셋째, 글자 크기는 11.0 pt로 기본으로 하되, 예외적으로 제목은 12.0 pt, 그림과 도표의 주(註)는 10.0 pt, 본문 하단의 각주는 9.0 pt로 단순화하였다. 현재 지침은 글자 크기, 진한 표기 등을 지나치게 자세하게 규정하여 오히려 준수가 어렵다는 점이 고려되었다.

넷째, 학술지나 저서, 학위 논문, 학술대회 발표 논문집, 보고서, 잡지, 신문명 등은 글꼴 '돋움'으로 표기한다. 이전에는 낫표(「 」)를 사용하였으나, 학회 전체 회원, 행정학 분야 학술지 편집위원장 대상의 매뉴얼(안)에 대한 의견 수렴 과정에서 혼글 사용 환경에서는 낫표를 찾기 어렵고, 띄어쓰기도 힘들다는 의견이 여럿 제시되어, 낫표 대신 '돋움'으로 표기하여 논문의 제목, 기타 서지 정보와 구분될 수 있도록 하였다. 글자 속성으로 '진하게'도 고려되었으나 진한 글씨체는 차이나 식별보다는 강조의 목적으로 더 자주 사용된다는 의견이 우세하여 채택되지 않았다.

기타, 참고 문헌은 '왼쪽 정렬'로 한다. 참고 문헌에서는 줄표(—), 붙임표(-), 가운뎃점(·), 쌍점(:) 등 다양한 문장 부호가 사용되는데, '양쪽 정렬'을 할 경우 혼글이 글자 사이를 무리하게 조정하여 부호를 사용한 이유를 살리기 어렵다는 판단에 따른 것이다.

이 매뉴얼은 행정학 분야 단행본, 학술지, 학위 논문, 학술대회 발표 논문, 자료집 등 다양한 저작물을 적용 대상으로 하였다. 독자들의 스펙트럼도 넓게 잡아, 석·박사 학위 논문을 준비하는 학생들도 대상에 포함시켰다. 내용 집필이나 편집은 쉬운 설명과 예시로 독자들의 이해를 돕고자 하였다.

편집이사회는 작년 12월 첫 모임에서 학술 원고 작성 매뉴얼의 개발을 결정한 후, 지난 10월 학회 회원 전체를 대상으로 한 초안 공개가 있기까지 거의 1년에 가까운 기간 동안 작업을 하였다. 그동안 네 차례 편집이사회를 통한 기준과 원칙에 대한 논의, 편집이사 분담 집필, 초안 완성 후 4회에 걸친 자구 수정, 다시 학회 회원 전체 및 행정학 분야 학술지 편집위원장들을 대상으로 한 1개월간 홈페이지 공개 및 의견 수렴, 최종 원고 확정과 인쇄의 과정을 거쳤다. 의견 수렴 과정에서는 이승종(서울대), 윤견수(고려대), 김두래(고려대), 김완식(숭실대), 강제상(경희대) 교수의 상세한 지적과 대안 제시가 문제점을 발견하고 수정하여 내용을 개선하는 데 큰 도움이 되었기에 특별히 감사의 인사를 드린다.

앞으로 연구자 및 학생들이 학술 원고 작성 시 이 매뉴얼을 적극적으로 활용할 것을 권장한다. 또 차후 학회가 주기적 수정과 증보를 통하여 내용과 질을 지속적으로 보완, 개선하여 연구자 간의 소통에 기여할 수 있기를 기대한다.

독자들은 이 책의 모든 것, 점 하나까지도 지침이자 기준으로 보게 될 것이란 가능성을 엄중히 받아들여 내용을 수차례 반복 검토하고 또 교정을 거듭하였지만 미처 알아채지 못한 여러 문제가 있을 것이다. 회원들과 더불어 오류를 발견하고 고쳐갈 수 있기를 바라면서 오랜 작업을 여기서 마친다.

2011년 11월

한국행정학회 학술 원고 작성 매뉴얼 편찬위원회

차 례

제 4 장 표와 그림

The KAPA Publication Manual

CHAPTER 01

서 론

제 1 절 학술 원고의 작성

연구 결과의 학문 공동체(scholarly community) 구성원들 간에 공유는 학술 논문, 단행본, 석사 및 박사학위 논문 등의 다양한 저작물을 통하여 이루어진다. 이 가운데에서도 가장 전통적 매개체는 학술지이다. 이러한 의미에서 학술지는 일정 분야에 대한 축적된 지식의 저장소(貯藏所, repository of the accumulated knowledge)라고 할 수 있다(American Psychological Association, 이하 APA, 2010: 9). 다양한 형태의 발견과 분석, 성공과 실패가 어우러진 연구 논문 정보는 수많은 연구자에 의하여 상당 기간에 걸쳐 이루어진 축적된 지식이다. 논문 작성자는 학술지의 검토를 통하여 다른 연구자들이 수행한 선행 연구의 불필요한 반복을 피하는 한편, 기존 연구를 개관하고 나아가 새로운 연구를 수행할 수 있다.

이러한 연구 결과의 학문 공동체에 효과적 공유를 위해서는 원고 작성에 대한 일정한 형식과 기준을 사전에 마련해 두는 작업이 필요하다. 이것은 원고 작성 매뉴얼의 개발과 이에 대한 사전 합의 과정의 중요성을 가리킨다. 구체적으로 원고 집필 매뉴얼은 작성자로 하여금 연구의 주제와 내용을 체계적으로 기술하도록 도와 줄 뿐만 아니라 독자들이 연구의 내용을 좀 더 쉽게 이해할 수 있도록 이끌어 준다. 또한 작성자는 원고 작성 매뉴얼을 바탕으로 연구가 철저하게 수행되었는가, 독창적으로 작성되었는가, 연구 절차와 결과가 명확하게 전달되고 있는가 등을 판단해 볼 수 있다. 결국 논문 기고자는 원고 작성 매뉴얼에 기초하여 그 양식에 따라 논문을 작성할 경우, 다른 연구자보다 용이하게 학문 공동체와 커뮤니케이션을 할 수 있게 되는 것이다.

그러나 한국행정학회의 기존 원고 작성 지침은 만들어진 지 이미 너무 오래되어 행정학 분야의 다양한 집필 활동을 감당하기에는 내용이 상대적으로 빈약하고 특히 해당 규정이 없는 경우도 적지 않아 연구자들에게 혼란을 주고 있다. 그럼에도 불구하고 많은 분과 학회들은 기존 한국행정학회의 원고 작성 지침을 그대로 도입하여 사용하는 경향이 있다. 일부 학회와는 원고 작성 지침 자체가 서로 달라 행정 현상 연구자들에게 불필요한 불편을 주고 시간 낭비를 초래하기도 한다. 이러한 문제점들은 행정학계 연구자들 간 과학적 지식의 정확한 작성과 발표, 나아가 커뮤니케이션의 촉진을 위한 원고 작성 매뉴얼의 개발을 통하여 해결할 수 있다.

한국행정학회 새로운 원고 작성 매뉴얼의 개발은 학술 논문 및 저서의 집필에 관한 지침을 개발함으로써 행정학 관련 과학적 저술의 정확한 발표를 돕고, 나아가 궁극적으로는 행정학 관련 연구자 간 커뮤니케이션의 촉진이 목적이다. 연구자 간 커뮤니케이션의 활성화가 중요한 이유는 학술 연구의 궁극적 목적이 연구자 간의 연구 결과의 공유를 통하여 효율적으로 실현되는 까닭이다.

제 2 절 학술 원고 작성 매뉴얼 적용 대상의 유형

한국행정학회의 원고 작성 매뉴얼은 학술 논문, 단행본, 석사 및 박사학위 논문 등의 집필자를 대상으로 한다. 이 중에서도 원고 작성 매뉴얼의 주요 대상은 학술 논문이다. 학술 논문의 유형은 크게 경험적 연구, 선행 연구 검토, 이론적 논문, 방법론적 논문, 사례 연구 등 다양하다(APA, 2010: 10-11).

경험적 연구(empirical studies)란 자료를 사용하여 연구 문제를 실증적으로 검증하는 독창적인 연구의 보고서로 서론, 이론적 배경, 연구 방법, 연구 결과, 토론의 일련의 체계적 연구 과정으로 구성된다.

선행 연구 검토(literature reviews)란 이미 출간된 논문에 대한 비판적인 평가에 기초한 것으로 메타분석(meta-analyses)을 대표적 예로 들 수 있다. 이는 이전에 출간된 논문들에 대한 종합적·실증적 평가를 통하여 문제의 명확한 정의, 선행 연구의 요약, 선행 연구 간 관계의 확인, 문제 해결을 위한 대안 제시 등의 과정을 통하여 경험적 지식 체계를 발전시키는 역할을 한다.

이론적 논문(theoretical articles)은 기존의 선행 연구에서 좀 더 발전된 이론을 도출해 내기 위한 연구이다. 이 유형의 논문은 이론적 구성물(theoretical constructs)의 확장과 발전, 새로운 이론의 제시 또는 기존 이론의 분석을 위하여 이론의 발전 과정을 추적하고 이론의 내적 일관성과 외적 타당성을 연구한다.

방법론적 논문(methodological articles)은 새로운 방법론적 접근, 기존 방법론의 수정, 자료 분석적 접근을 시도하는 연구를 의미한다.

사례 연구(case studies)는 문제를 묘사하고, 문제의 해결을 위한 수단을 제시하기 위한 개인 또는 조직 사례에 대한 연구이다.

제 3 절 법적 · 윤리적 책임

학술 논문의 법적 · 윤리적 기준은 과학적 지식의 정확성 확보, 연구 대상자의 권리의 보호, 지적 재산권의 보호를 위한 전제로서 최근 들어 그 중요성이 더욱 강조되는 추세이다. APA는 2002년 *Ethical Principles of Psychologists and Code of Conduct*를 개발하여 학술적 연구의 발표를 위한 법적 · 윤리적 기준을 제시하였다. 2010년에는 저작권, 공동 연구, 이중 게재, 표절과 자기 표절, 연구 대상자 보호, 분석 도구의 타당성, 자료의 신뢰성에 초점을 두고 법적 · 윤리적 기준을 강화하였다(APA, 2010: 5). 한국행정학회도 이러한 경향을 반영하여, 원고 작성 매뉴얼을 개발할 때 APA 법적 · 윤리적 책임에 상당하는 연구 윤리 기준을 채택할 필요가 있다. 이것은 비단 미국심리학회가 운영하는 학술 연구 윤리 지침일 뿐만 아니라 나아가 한국행정학회 원고 작성 시에도 준수가 요청된다는 뜻이다. 이하에서는 행정학 분야 연구 및 원고 집필이라는 관점에서 법적 · 윤리적 책임에 대하여 기술하되, APA 윤리지침(ethical standards)의 내용 중 중요하다고 판단되는 항목을 뽑아서 준거 지침으로 요약, 정리한다.

1 과학적 지식의 정확성 확보를 위한 책임

1) 연구 결과의 윤리적 발표

학술 연구의 과학성은 연구 결과의 반복 가능성과 검증 가능성을 핵심으로 한다. 이를 위하여 학술 논문에서 사용하는 자료는 허위로 생성되거나 조작되어서는 안 된다(APA Ethics Code Standard, §8.10a. 연구 결과의 보고). 연구 가설에 대한 지지를 이끌어 내거나 좀 더 설득력 있는 결과를 제시하기 위하여 문제가 되는 관찰 결과를 누락시키는 등 결과의 조작도 금지된다(APA Ethics Code Standard, §5.01a. 거짓 진술 금지). 만일 연구 결과 발표 이후 이와 같은 윤리적 오류가 발견될 경우 저자는 편집자와 출판자에게 이를 알려 정정 공지(correction notice)를 하여야 한다. 정정 공지에는 여러 가지 방법이 있을 것이나, 온라인 데이터베이스에 논문이 적재되는 경우, 원(原) 논문(original articles)에 별도로 정정 부분을 첨부하여 독자들이 원 논문을 검색할 때마다 그 정정 사항을 읽을 수 있도록 하는 것이다(APA Ethics Code Standard, §8.10b. 연구 결과의 보고).

2) 자료의 보관과 공유

저자는 논문의 심사 또는 발표 과정에서 연구 결과의 정확성에 대한 문제 제기가 있을 경우에 대비하여 연구에서 사용된 자료를 보관하여야 한다. 편집자가 자료의 제출을 요청하였음에도 기고자가 이에 불응할 때, 편집위원회는 자체 결정으로 원고에 대한 심사 절차를 중단하고 '게재 불가'의 판정을 내릴 수 있다. 마찬가지 이유에서 저자는 원고가 논문으로 출판된 이후에도 다른 연구자가 연구 결과의 확인을 목적으로 열람을 요청할 경우에 대비하여 자료를 보관하여야 한다. 미국심리학회는 저자가 연구 결과를 발표한 경우라도 최소 5년간 원(原) 자료(raw data)를 보관할 의무가 있다고 규정한다(APA Ethics Code Standard, §8.14a. 검증을 위한 연구 자료의 공유). 연구나 조사에서의 지시 사항(instructions), 처리 매뉴얼(treatment manuals), 소프트웨어(software), 연구 절차에 대한 세부 사항(details of procedures), 수학적 모형에서 사용된 부호집(code for mathematical models) 등과 같이 연구와 관련된 모든 정보도 동일 기간 보관하여야 한다. 다른 연구자들이 연구의 반복을 위하여 이러한 자료의 열람을 요청할 경우, 이들이 필요하기 때문이다

(APA Ethics Code Standard, §6.01. 연구 정보의 문서화 및 기록의 보관). 또 연구자 간 자료의 공유도 권장된다. 저자는 다른 연구자로부터 자료의 공유에 대한 요청을 받을 경우, 가능한 즉시 이에 응한다. 단, 자료 공유에 앞서 연구 대상자의 신원 확인이 가능한 자료는 삭제한다. 일반적으로 이러한 자료 요청으로 인하여 발생되는 비용은 요청한 쪽에서 부담한다.

미국심리학회는 자료 공유로 말미암아 발생할 수 있는 다양한 문제들을 피하기 위하여 연구자들이 자료를 공유하게 될 때에는 서로 간에 사전에 자료 공유에 관한 조건을 문서화할 것을 권고한다. 이러한 계약은 다음 몇 가지 사항을 포함하는 것이 될 것이다.

첫째, 공유된 자료 사용의 한계이다. 예를 들어 공유 자료가 이미 발표된 다른 연구 결과의 검증을 위하여 사용될 수 있을 것인가? 메타분석적 연구에의 포함이나 2차적인 분석을 위하여 사용될 수 있도록 할 것인가?

둘째, 자료 배포 범위에 대한 한계이다. 즉 자료를 요청한 개인에게만 배포가 가능하게 할 것인가? 자료 요청자가 자신의 연구와 직접적으로 관계가 있는 개인들에게도 배포될 수 있도록 허용할 것인가? 자료 배포에 대한 제한을 두지 않을 것인가 등에 대한 것이다.

셋째, 자료 공유를 통하여 분석된 결과의 발표 범위를 어디까지로 할 것인가에 대한 제한이다. 예를 들어 학회 발표, 내부 보고서, 학술 논문, 단행본 등에 사용을 허용할 것인가이다.

기타 저작권에 대한 고려로 연구 대상자의 동의, 지원 기관의 요구 조건, 연구자를 고용하고 있는 기관의 자료 공개에 관한 규정 등에 관한 것이다(APA Ethics Code Standard, §8.14b. 검증을 위한 연구 자료의 공유).

저자의 자료 보관과 공유에 관한 이러한 연구 윤리적 책임은 연구 결과의 공유와 성과의 축적, 과학적 지식의 정확한 발표에 필요한 것으로, 행정학 분야 연구에서도 준수가 요구되는 기준들이다.

2 이중 게재와 부분 게재

이중 게재는 두 개의 개별적 연구에서 동일한 자료 또는 아이디어의 발표를 의미한다. 부분 게재는 하나의 연구에서의 발견을 다수의 논문으로 불필요하게 쪼개어 발표함을 의미한다. 연구 발표는 개별적 연구 노력의 독립성을 정확하게 반영하여야 하므로 이를 위협하는 자료의 이중 게재나 부분 게재는 금지된다.

1) 이중 게재(duplicate publication)

APA는 이전에 발표되었던 자료를 새로운 독창적 자료로 허위 발표하는 이중 게재를 엄격히 금지한다(APA Ethics Code Standard, §8.13. 자료의 이중 게재). 자료의 이중 게재는 연구자가 자신의 연구 결과의 이용 가능성을 실제보다 과장함으로써 지식 체계를 왜곡하고, 학술 저널의 지면, 편집자와 심사자의 노력과 시간 등과 같은 희소한 자원을 낭비하게 만드는 문제가 있다. 특히, 이중 게재는 하나의 연구 분야의 축적된 지식(cumulative knowledge)의 보호를 위하여 금지된다.

이중 게재는 축적된 증거가 제시하는 것보다 발견의 재생 가능성을 더 높아 보이게 하거나, 축적된 증거가 제시하는 검증 결과보다 특정 결론이 강하게 지지되는 것처럼 잘못된 인상을 줄 수 있다. 또 이중 게재는 동일 자료에 대한 이중의 저작권 부여가 불가능하다는 점에서 저작권 침해에 해당된다. 따라서 저자가 전체 또는 상당 부분을 이전에 이미 발표하였다면, 그 원고는 학술지에 투고하지 못한다. 이는 하나의 언어로 작성된 원고를 다른 언어로 변환하여 작성할 경우에도 마찬가지이다.

더욱 중요한 것은 저자가 이전에 발표하였던 원고와 동일하지는 않으나 이전에 발표하였던 원고와 상당 부분 유사한 형식 또는 내용으로 작성된 원고로, 이러한 원고는 투고가 금지된다. 저자는 자신이 이전에 발표한 연구의 범위에 대한 의문이 있을 경우, 미리 편집자의 자문을 받아 이러한 문제의 발생을 막아야 한다.

이중 게재를 판단하는 대상으로는 제한적 발행 부수 또는 접근 가능성을 가진 정기 간행물, 단행본, 또는 저널의 요약 보고서(brief report)와 같은 이전에 발표된 원고 전체를 포함한다. 그러나 이중 게재의 금지는 이전에 발표되었던 자료에 대한 것이어서 새로운 이론 또는 전과는 다른 방법론을 사용한 후속 연구나 재분석한 연구의 출판에는 적용되지 않는다. 연구 현상에 대한 새로운 통찰력(new insights)을 보여 주는 원고라면, 비록 그것이 이전에 발표되었던 자료에 대한 재분석이라고 하더라도 아무런 문제가 되지 않는다(APA, 2010: 13).

하지만 저자가 후속 연구로서 이전에 이미 발표되었던 연구에 대한 새로운 분석을 할 경우, 반드시 이전에 발표되었던 연구가 무엇인지 밝히고 인용 출처를 명시하여야 한다. 이전에 발표되었던 연구에 대한 새로운 분석을 보고하는 경우라도 다음의 네 가지 조건을 충족시켜야 한다(APA, 2010: 14).

첫째, 중복 원고의 분량은 전체 원고의 그것보다 적어야 한다.

둘째, 저자는 원고의 저자 주(註) 또는 논문의 방법이나 결과 등 다른 관련 부분에서 현재의 논문이 이전에 발표되었던 어떤 연구를 재분석한 것인지 명확하게 밝히고, 반드시 인용 출처를 명시하여야 한다.

셋째, 각 표와 그림에도 이전에 발표되었던 연구를 새롭게 적용하였다는 내용을 명시하고 인용 출처도 본문 또는 각주에 모두 제공한다.

넷째, 원(原) 논문의 발표 장소 등에 대한 인용 정보도 참고 문헌에 정확하게 기재한다.

이전에 발표되었던 연구가 다수의 저자와 저작권을 가진 경우, 이후의 연구는 모든 저자의 공동의 기여를 인정하여야 한다.

2) 부분 게재(piecemeal publication)

저자는 학술지의 공간적 제약 내에서 가능한 단순하면서도 완벽하게 연구 결과를 발표할 것이 요구된다. 하나의 연구 내에서 연구를 통하여 자신이 발견한 것을 의미 있게 통합하여 발표할 수 있으면 전체를 통합하여 제시하는 것이 효과적인 커뮤니케이션이다.

연구 결과의 부분 게재는 독자들이 다수로 분리된 연구들이 각각 독립적인 자료 수집 또는 분석의 결과인 것으로 잘못 이해할 수 있게 만든다. 특히 선행 연구의 비판적 검토나 메타분석 연구의 경우 부분 게재로 인하여 발생하는 오해는 과학적 연구의 왜곡을 초래할 수 있다.

이러한 점에서 하나의 단일 연구로부터 도출된 결과를 복수의 연구로 나누어 발표하는 부분 게재는 결코 바람직하지 않다. 동일한 자료나 표본에 다양한 종속 변수가 있는 경우, 연구 결과를 복수의 원고로 발표하여도 되는가에 대한 논란은 어느 정도 있을 수 있다. 연구자가 동일한 데이터를 이용하여 두 편 이상의 논문을 발표하고자 할 때, 문제를 해결하는 방법은 저자가 편집자에게 사전에 자신의 이러한 계획을 알리는 것이다. 이때 편집자는 이와 관련하여 자료를 요청할 수 있고, 저자는 따라야 한다. 이런 경우, 편집자가 동일 연구 또는 아주 밀접하게 관련된 연구에 기초하여 두 개 이상의 연구가 발표될 수 있는가에 대한 최종 결정을 내린다(APA, 2010: 14).

한편 대규모이거나 종단적, 다(多)학제적 연구 프로젝트의 경우에는 부분 게재가 필요하고도 적합할 수 있다. 이러한 프로젝트는 종종 다양한 주제를 다루게 되어 단일 저널에 한 편의 논문으로 발표하기에는 내용이 너무 많다. 종단 연구에서의 부분 게재는 서로 다른 시간대별 자료가 고유한 과학적 기여를 할 수 있다는 점에서 허용되어야 한다. 나아가 만일 장기 프로젝트의 결과 발표를 모든 연구가 다 완성될 때까지 보류시킨다면 연구자 간 유용한 지식의 공유를 그만큼 저해하는 문제가 발생한다. 대규모 또는 종단적 연구로부터 복수의 연구들이 부분적으로 게재되는 경우 각각의 연구는 이전에 발표된 연구들에 대한 인용 출처를 정확하게 제시하여야 한다. 인용의 경우, 비록 대규모, 종단적 프로젝트의 설계와 방법에 대한 자세한 기술을 반복할 필요는 없을 것이나 독자들이 현재의 연구를 평가하는 데 필요한 충분한 정보의 제공은 중요하다. 또한 연구자가 대규모, 종단적 연구로부터 복수의 연구를 발표할 경우 표본의 중복 정도도 명확하게 언급하여야 한다. 저자가 이러한 유형의 원고를 투고하고자 하는 경우 사전에 해당 학술지 편집자에게 이에 대하여 알리고 자문을 받을 것이 권고된다.

동일 또는 밀접한 관련성을 가진 연구에 기초하여 둘 이상의 결과 발표를 준비할 경우, 저자는 이들의 이중 게재 여부에 대한 자문은 요청할 때 이전에 발표한 연구가 인용되었다는 사실, 동일 학술지 또는 기타 학술지에 이미 발표되었던 연구, 이미 심사되어 '게재 가(可)' 판정을 받은 연구, 그리고 투고되어 심사 중인 연구가 있을 경우 이 또한 이를 편집자에게 알려야 한다. 편집자는 이에 따라 제출된 원고가 새로운 정보를 충분히 포함하고 있는가를 판단하게 될 것이다. 심사 과정에서 원고가 이중 게재 금지를 위반하였거나 편집자에게 혹시 있을지도 모를 저작권 침해 가능성 등을 알리지 않았을 때, '게재 불가' 판정을 할 수 있다. 발표 이후 이중 게재 금지의 위반을 발견하면 게재 철회 또는 이중 게재 공표 조치를 취하게 된다.

학술 논문을 책의 장(章, book chapters)으로 출판하는 경우에도 이중 게재의 문제에 주의한다. 저자는 이때 자주 이전에 학술지에 발표한 논문을 수정하게 되는데, 이런 경우 책 출판에 포함될 새로운 원고에서는 이전에 발표되었던 연구에 대한 인용 사실을 밝히고, 인용 출처를 명시한다. 출판사 또는 개인, 기타 단체가 저작권을 가질 경우 저자는 저작권 정보를 밝히고 인용에 대한 사전 허가도 받아야 한다.

3 표절과 자기 표절

1) 표절(plagiarism)

연구자는 타인의 용어와 아이디어를 자신의 것처럼 주장할 수 없다(APA Ethics Code Standard, §8.11. 표절). 타인의 용어와 아이디어를 사용할 경우 반드시 인용 부호(quotation marks)를 사용하여 표시한다. 타인의 문장을 요약 또는 재배치하거나 용어를 변경할 경우에도 출처를 명시한다. 표절 여부에서 적용되는 원리의 핵심은 저자가 다른 연구자의 저술을 자신의 것처럼 표현하여서는 안 된다는 것이다. 다른 연구자의 저술은 문장, 용어뿐만 아니라 아이디어까지 확장하여 고려되어야 한다. 다른 사람의 연구 모형, 토론 부분에서 제안된 주장의 근거 등도 반드시 출처를 명시한다. 또한 출처가 명확한 경우 비록 사적 대화 중에 지득한 것일지라도 다른 사람의 아이디어라면 출처를 명시한다(APA, 2010: 16).

2) 자기 표절(self-plagiarism)

연구자는 타인의 저술을 자신의 것처럼 표현하여서는 안 되는 것과 마찬가지로, 자신의 이전 저술을 새로운 저술처럼 발표하여서는 안 된다. 어디까지를 자기 표절로 볼 것인지, 그 범위에 대한 명확한 정의는 어렵고 최종적으로 법적 판단으로까지 가야 가려질 수도 있을 것이다. 하지만 적어도 자기 표절이 아닌 자신의 새로운 저술이 되기 위하여는 반드시 기존의 저작물을 넘는 독창적 기여(original contribution)가 있어야 하고, 저자의 이전 저술의 분량은 단지 독창적 기여 부분을 이해하기 위하여 필요한 정도로만, 즉 주로 이론이나 방법론의 논의 등으로만 인용되어야 한다. 가능하다면, 저자가 자신의 이전 저술에 사용한 용어들은 모두 하나 또는 몇 개의 문단 내에 위치시키고

각 문장의 끝에 인용 정보를 명시한다(APA, 2010: 16). 만일 이전 자신의 저술에서 사용한 용어, 분석 도구 또는 분석적 접근 방법을 두루 인용하여 인용 대상의 범위가 넓을 경우, 이에 대한 구체적 기술과 함께 인용 출처를 표기한다. 하지만 저자 자신이 사용하였던 용어의 재사용 범위가 한정적일 경우 예외적으로 인용 출처의 명시를 생략할 수도 있을 것이다.

제 4 절 연구 대상자 권리의 보호

1 연구 대상자의 권리와 비밀의 보호

미국심리학회는 연구 대상인 사람과 동물에 대한 연구 윤리의 기준(ethical standards)을 명확하게 설정한다(APA Ethics Code Standard, §8.01-8.09). 행정학 분야에서는 연구의 특성상 동물을 대상으로 한 실험이 드물어 연구 대상자의 권리는 주로 연구 대상자, 참여자 등에 한정된다.

저자는 자신의 연구 결과를 학술지에 발표하기에 앞서 연구 윤리를 준수하였는가를 먼저 확인하여야 한다. 특히 연구 대상자를 기술할 경우 이러한 기준의 확인이 권고된다. 이를 준수하지 않았을 경우, 학술지 편집위원회는 제출 원고에 대하여 '게재 불가' 판정을 내리거나 출판 이후에라도 철회할 수 있다.

연구자는 피조사자, 연구 사례, 조직, 또는 연구에 어떤 형태로든 참여한 사람에 대한 비밀, 개인적으로 식별 가능한 정보 등이 공개되지 않도록 주의한다(APA Ethics Code Standard, §4.07. 연구를 위한 비밀 정보의 사용). 연구자는 피조사자 또는 연구 참여자의 비밀 보호에 대한 문제를 두 가지 방법으로 해결할 수 있다. 하나는 연구 대상자에게 사례 연구의 주제를 미리 알리고 연구 결과의 발표에 대한 문서화된 동의서(written consent)를 받아두는 것이다. 이 과정에서 피조사자의 감독자, 고용자, 평가자, 또는 이에 준하는 지위에 있는 사람들의 지위를 이용하지 말아야 한다(APA Ethics Code Standard, §3.08. 착취적 관계).

다른 하나의 방법은 연구 대상자나 사례의 ① 일부 특징의 변경, ② 일부 특징만의 제한적 기술, ③ 외부 사례의 추가를 통한 연구 대상자나 사례의 특성 기술, ④ 다양한 요소의 합성(composites)이라는 네 가지 위장 전략(disguising strategies)을 통하여 연구 대상자 또는 가족이나 고용주 등의 식별 가능성을 어렵게 하는 것이다. 이런 경우라도 연구에서 잘못된 결론의 도출을 야기할 수 있는 핵심 변수는 변경할 수 없다. 예를 들어, 연구 대상의 성별이 중요한 의미를 갖는 경우, 이의 변경은 잘못된 결론의 도출을 초래할 위험이 있어 금지된다. 마찬가지로, 연구 대상에 대한 기술도 연구 현상을 이해하는 데 본질적인 것이 아닐 경우에만 생략이 가능하다.

그러나 어떤 경우에도 연구 대상자의 프라이버시가 과학적 정확성이라는 이름으로 희생되지 않도록 주의한다. 연구 대상이나 참여자가 누구인지 식별되지 않도록 연구 대상 사례에 대한 적절한 조치를 하지 않은 경우, 연구 결과의 발표 금지가 원칙이다(APA, 2010: 17).

2 이해 충돌

전문가들의 커뮤니케이션은 증거 및 사실에 기초한 객관적이고도 공정한 해석에 기초하여야 한다. 그럼에도 불구하고 연구에서 사용되었거나 논의된 조직이나 사례와 관련하여 저자가 경제적·상업적 이해 관계를 가질 경우, 이러한 객관성을 유지하기 어려울 수 있다. 일반적으로 저자가 연구와 관련된 이해 관계를 가지고 있어 연구 결과를 편향적으로 해석하고 기술할 가능성이 있는 경우, 이에 대하여 분명히 부기(附記)할 것이 요구된다. 이해 관계가 얼마나 심각한 정도인가의 판단은 어느 정도 개별 환경에 따라 다를 수는 있을 것이다.

연구 논문의 심사자도 또한 이해 충돌의 당사자가 될 수 있다. 일반적으로 동료, 개인적 친분이 있는 연구자, 최근 배출한 제자의 원고 등은 원칙적으로 심사할 수 없다. 편집자는 이와 같은 이해 충돌의 가능성이 명백한 경우 심사에서 배제시켜야 한다. 또한 심사자들도 이와 같은 이해 충돌의 가능성에 대하여 편집자의 자문을 얻을 필요가 있다. 심사자들은 원고를 공개적이고도 공정하게 평가하여야 하며, 비밀 유지 의무를 지켜야 한다. 자신이 심사를 담당하였던 연구자와 원고에 대한 언급을 하여서는 안 되며, 편집자와 심사자는 저자의 동의 없이 편집자나 심사자 자신의 연구의 발전을 위하여 발표되지 않은 원고의 일부를 사용하여서도 안 된다(APA, 2010: 18).

3 지적 재산권의 보호

1) 저작권(authorship)

(1) 저작권의 개념 정의

저작권은 연구에 대한 상당한 기여가 인정되고 결과에 대한 책임을 지는 연구자에게 부여되는 법적 권리이다. 연구를 직접 수행한 경우 또는 실질적으로 연구에 기여한 경우, 저작권에 의한 법적 보호를 받는다(APA Ethics Code Standard, §8.12a. 저작권의 보호). 저작권은 원고를 실제로 작성한 연구자뿐 아니라 연구에 대한 실질적 기여가 있는 연구자에게도 보장된다. 연구에 대한 실질적 기여란 연구 문제 또는 가설의 형성, 실험 또는 방법론의 설계, 통계 분석의 수행, 결과의 해석, 또는 연구 주요 부분의 작성을 포함한다. 저작권의 보호를 받는 연구자들은 저자 이름을 기입하는 자리에 연구에 대한 기여도 순으로 표기한다. 비록 저작권의 보호를 받을 정도는 아니지만 연구에 대한 어느 정도의 기여가 인정되는 연구자는 각주(脚註)로 언급한다. 각주에 언급할 정도의 기여란 연구 대상자의 탐색과 사전 조사, 데이터의 수집과 입력, 통계 분석의 수행, 통계 분석 결과나 연구의 함축적 의미에 대한 조언, 제안과 같은 지원적 역할을 포함한다.

(2) 저작권의 결정

공동 연구의 경우, 저작권에의 기여도, 즉 제1저자로 할 것인가 제2저자로 할 것인가는 가능한 초기에 결정한다. 이러한 결정에 중요한 요소는 연구의 완성도를 높이는 데 필요한 업무가 무엇인가, 누가 그 일을 할 것인가, 업무의 분장은 어떻게 할 것인가, 분배된 연구 업무의 통합은 누가 할 것인가 등이다.

(3) 저작권의 순서

공동 연구자들은 저작권과 함께, 저자명(著者名) 표기 순서를 정하여야 한다. 일반적인 규칙은 기여도가 높은 순서대로 저자명을 배열하는 것이나 연구 분야에 따라 관습상의 차이가 있을 수 있다. 저자들이 동일한 기여를 하였다고 인정할 경우에는 저자 주(著者註)에 이러한 내용을 명시할 수 있다. 저작권의 결정, 저자명 표기 순서의 결정은 연구에 대한 상대적 기여도(relative contributions)를 정확하게 반영하여야 한다(APA Ethics Code Standard, §8.12b. 저작권). 저작권 순서 결정에 학장, 신진 교수, 조교, 학생 등과 같은 지위를 기준으로 사용할 수 없다. 학생의 박사학위 논문에 기초한 공저 논문의 경우, 연구에 대한 독립적・독창적 기여도에 따라 학생이 제1저자가 된다(APA Ethics Code Standard, §8.12c. 저작권). 그러나 다수의 연구자들이 수행한 연구 결과를 하나로 취합하여 한 편의 공저 논문을 완성하였고, 박사학위 논문은 단지 여기에 일부인 경우는 예외이다.

2) 심사자

원고 심사는 편집자와 심사자의 협력적 논의에 의하여 이루어진다. 심사 과정에서 원고에 대하여는 비밀 보장이 유지되어야 한다. 편집자와 심사자는 저자들의 명시적인 동의 없이 심사 외의 목적으로 원고를 인용할 수 없다(APA Ethics Code Standard, §8.15. 심사자). 심사자가 원고의 일정 부분에 대하여 다른 동료 연구자들로부터 자문을 얻고자 하는 경우 반드시 사전에 편집자의 허락을 받아야 한다. 편집자와 심사자는 저자의 동의 없이 자신 또는 타인 연구의 개선을 목적으로 발표되지 않은 원고의 일부를 사용할 수 없다.

3) 미발표 원고에 대한 저작권

저작권법(법률 제10807호, 2011.6.30 일부 개정) 제1조는 "저작자의 권리와 이에 인접하는 권리를 보호하고 저작물의 공정한 이용을 도모함으로써 문화 및 관련 산업의 향상 발전에 이바지"함을 목적으로 밝힌다. 또 제37조(출처의 명시) 제1항은 "이 규정에 따라 저작물을 이용하는 자는 그 출처를 명시"할 것을 규정한다. 제136조(권리의 침해죄)에서는 다시 저작자의 재산권을 침해한 자는 "5년 이하의 징역 또는 5천만 원 이하의 벌금에 처하거나 이를 병과할 수 있다"고 규정함으로써, 저작자의 권리를 두텁게 보호한다. 미국의 경우, 저자는 발표되지 않은 자신의 원고를 누군가 허가받지 않고 사용할 경우 연방 저작권법(Copyright Act, 1976)에 의하여 보호받는다. 이 법률은 발표되지 않은 연구는 타이핑과 같이 유형적 형식(tangible form)으로 표현되는 순간부터 판권의 보호를 받게 된다고 규정한다(United Stated Code, title 17). 저작권법은 저자의 권리인 저작권과 이를 출판할 수 있는 출판권 또는 판권을 포함하여 보호한다. 이와같이 저작권은 미발표 원고에도 적용되는 것으로 확장 해석되어야 한다.

4) 연구 윤리의 준수

연구자들은 학술 발표의 형태에 관계 없이, 원고를 제출하기 이전부터 미리 연구 윤리의 준수를 위하여 노력하여야 한다. 학술지에 심사를 위하여 제출된 원고와 '게재 가' 판정을 받고 최종적으로 제출된 원고는 연구 윤리를 준수하여야 하며, 기고자와 심사자는 사적 이해 충돌의 가능성이 있는 경우 편집위원회에 미리 이를 알려 사전에 어떤 문제가 있는지 의견을 들어야 한다. 미국심리학회는 연구자가 스스로 자신의 연구 윤리 기준 준수(ethical compliance) 여부를 확인할 수 있는 체크리스트를 제공한다. 이는 행정학 분야 연구자들이 원고 작성 시 스스로 윤리적 기준에 적합한지의 여부를 검토할 때 필요한 항목이기도 하다. <표 1-1>은 APA 체크리스트를 행정 현상 연구의 맥락에 맞게 수정한 것이다.

| 표 1-1 | 연구 윤리 준수 체크리스트

연번	내용
1	다른 연구자의 미발표 척도(尺度), 절차, 자료를 사용하였다면 이에 대한 허락을 받았습니까?
2	원고를 작성할 때 이전에 발표되었던 다른 연구들을 적절하게 인용하였습니까?
3	원고 심사 과정에서 제기될 수 있는 윤리적 이슈에 대하여 고려하였습니까?
4	편집위원회가 연구 절차와 관련한 윤리적 문제에 대하여 문제 제기를 할 경우에 대한 대비가 되어 있습니까?
5	연구 대상의 적절한 보호 및 활용과 관련한 질문에 자신을 방어할 준비가 되어 있습니까?
6	모든 저자가 원고를 검토하고 그 내용에 책임을 질 것을 동의하였습니까?
7	연구 사례, 제3의 관련자 등 연구 참여 및 대상자의 비밀을 적절하게 보호하였습니까?
8	모든 저자가 저작권의 순서에 동의하였습니까?
9	연구와 관련 판권을 가진 모든 이전 연구의 사용에 대한 허락을 받았습니까?

자료: The American Psychological Association (2010), p. 20. APA 연구 윤리 준수 체크리스트를 행정학 분야에 적합하도록 수정하였음.

The KAPA Publication Manual

CHAPTER 02 학술 원고의 구조와 작성 방식

제 1 절 학술 논문 원고의 구조

이 장에서는 주로 학술지 논문 원고의 구조에 대하여 설명한다. 학술지 원고의 각 구성 요소를 제시하고, 이들의 정의와 설명, 각 요소에 포함되는 내용과 이들에 적용되는 구체적 지침 등을 밝힌다.

- ○ 학술지 논문 원고는 표지, 초록, 본문, 참고 문헌, 부록으로 이루어진다.
- ○ 표지와 초록은 원고의 페이지 수에 포함되지 않는다. 초록은 주제어를 포함하고, 국문 및 영문 두 가지로 작성한다.
- ○ 연구자가 기고를 목적으로 학술지 편집위원회에 원고를 제출할 때, 해당 원고(표지, 초록, 본문, 참고 문헌, 부록)와 함께 심사 요청 편지를 제출한다. 심사 요청 편지에는 국문 및 영문의 논문 제목과 저자명, 자신의 소속 기관, 직위, 주소, 전화번호를 적는다.

1 제목(title)

학술 논문의 제목을 정할 때에는 다음 사항을 고려한다.

첫째, 제목은 학술 원고의 주요 내용을 명확하고 간결하게 나타내야 한다. 또한 연구에 사용된 변수 혹은 이론적 논점을 드러내고, 이들 간의 관계를 알 수 있도록 하는 것이 바람직하다. 간결하되 연구자가 연구한 것이 무엇인지 그 내용이 충분히 드러나도록 제목을 정한다.

둘째, 제목은 그 자체로 논문 내용을 대변할 수 있어야 한다. 다른 연구자들이 학술 정보 데이터베이스를 검색할 때, 그리고 해당 논문을 참고하고 인용하고자 할 때는 흔히 논문의 전체 내용보다는 먼저 제목을 보고 판단한다. 따라서 제목은 해당 원고의 내용을 보여 줄 수 있도록 정한다.

:: 예

'조직의 문화적 특성이 여성 관리자에 대한 인식에 미치는 영향'

셋째, 제목에는 별다른 뜻이 없는 단어는 포함시키지 않는 것이 좋다. 그런 단어는 제목의 길이만 늘릴 뿐 아니라 해당 논문의 적절한 분류를 방해할 수 있다. 예를 들어 '방법(method)', '결과(result)'와 같은 단어를 제목에 포함시키는 것은 바람직하지 않다.

넷째, 제목에서는 축약형 표현을 삼가야 한다.

다섯째, 적절한 제목의 길이는 12개 단어를 초과하지 않는 것이 좋다.

여섯째, 제목은 페이지 상단에 배치하며, '가운데'로 정렬한다.

2 저자 이름과 소속 기관

모든 학술 원고에는 저자명과 소속 기관의 이름이 포함되어야 한다.

1) 저자명

한글 이름은 그대로 성과 이름을 쓰지만, 영문 이름은 이름(first name), 중간 이름, 성(last name)의 순서로 쓰되, 성을 제외한 이름은 이니셜 표기를 원칙으로 한다.

2) 소속 기관

저자가 해당 연구를 수행할 당시의 소속 기관과 부서 이름을 명시한다. 소속 기관이 두 개일 경우 두 기관이 모두 해당 연구에 상당한 지원을 하였을 때에만 모두 명시한다. 그렇지 않은 경우는 저자 한 명당 한 개 이상의 기관을 나타내지 않도록 한다. 소속된 기관이 없을 경우, 저자명 다음에 거주하는 지역(도, 시)의 이름을 적을 수 있다.

3) 복수 저자인 경우의 순서

저자가 2명 이상일 때는 기여도가 많은 사람의 이름순으로 적는다. 제1저자와 별도로 교신 저자(corresponding author)가 있는 경우, 표지에서 이를 표기한다.

3 저자 주(著者註, author note)

저자 주는 제목과 동일한 페이지에 제목, 저자명, 소속 기관 아래에 배치하며 '양쪽' 정렬한다. 저자 주에는 다음과 같은 내용들이 포함된다.

① 연구를 수행할 때 재정적 지원을 받았다면 지원 사항과 과제 번호 등에 대하여 적는다.

② 연구를 수행할 때 도움을 주거나 논평을 해 주었던 연구자들의 이름을 언급한다. 단, 편집장이나 동료 등 일상적으로 원고를 검토해 주었던 사람들의 이름까지 열거할 필요는 없다. 만일 특정 논의 전개와 관련하여 도움을 주었다면, 그 논의가 나타난 원고의 본론 부분에서 언급하는 것이 바람직하다.

③ 연구에 모든 저자가 동등하게 기여하였다는 등 저자들의 특별한 동의 사항이 있을 경우에도 여기서 언급한다.

④ 연구자가 학술 원고를 준비하는 데 받은 개인적 도움에 대한 감사말로 이 단락을 마무리한다.

⑤ 기타 원고와 관련된 다음과 같은 특별한 사정이 있을 때 이에 대하여 기술한다.

- 출판된 저작물이나 학위 논문의 데이터를 이용한 경우
- 저자가 본인의 원고에서 연구한 회사의 주식을 보유하고 있는 사정 등으로 이해 갈등이 발생할 수 있는 경우
- 재정적 지원을 한 기관이 저작권을 요청한 경우 등

예시 2-1

제목과 저자 주

제목은 3줄을 띄운 후 시작한다.

공공기관 임원의 정치적 임명에 관한 연구: 법제도 및 대통령의 영향을 중심으로

제목 글자 크기는 12.0 pt로 한다.

2줄을 띄운 후 시작한다.

김병섭(서울대) · 박상희(서울대)

3줄을 띄운 후 시작한다.

들여쓰기 하지 않음

연구 지원 출처, 감사 인사 등을 여기에 적는다.

저자 주

본 연구는 2011년도 … 지원을 받아 수행되었고, 과제번호는 … 이다.

… … …

심사 과정에서 유익한 심사평을 해 주신 익명의 심사자들께 감사 인사를 드립니다.

본문 글자 크기는 11.0 pt로 한다.

자료: 김병섭 · 박상희 (2010). 공공기관 임원의 정치적 임명에 관한 연구: 법제도 및 대통령의 영향을 중심으로. **한국행정학보**, 44(2), p. 85.

'자료' 글자 크기는 10.0 pt로 한다.

글꼴은 '돋움'으로 한다.

4 초록(abstract)

1) 작성 방법

첫째, 초록은 학술 원고의 간략한 요약문으로서 일반적으로 한 단락으로 구성된다. 독자들이 학술 원고를 읽을 때 가장 먼저 만나는 부분이다. 따라서 독자들로 하여금 원고의 중요한 내용을 빠르게 파악할 수 있도록 서술하여야 한다.

둘째, 단어 수는 국문 초록 500자 이내, 영문 초록 200단어 이내로 한다. 초록 다음에 국문 및 영문 주제어를 3개 이상 제시한다.

셋째, 초록은 독립된 새로운 페이지를 사용하여 작성한다.

넷째, 들여쓰기 없이 한 단락으로 작성한다.

2) 좋은 초록의 특징

(1) 정확하여야 한다

첫째, 초록은 학술 원고의 목적과 내용을 정확하게 반영하여야 한다. 본론에 포함되지 않는 내용을 초록에 포함시켜서는 안 된다.

둘째, 해당 연구가 선행 연구를 확장한 것이거나 그것을 상당 부분 참조한 경우, 선행 연구 저자의 이름과 그 연구가 수행된 연도를 명기한다.

(2) 평가하는 것이 되지 말아야 한다

초록은 학술 연구 결과를 보고(report)하는 것이지 평가(evaluate)하는 것이 아니다. 연구 결과에 대한 평가를 덧붙이지 않는다.

(3) 일관적이고 쉽게 이해할 수 있어야 한다

첫째, 명확하고 간결하게 작성하여야 한다.

둘째, 명사보다는 동사를, 수동형 표현보다는 능동형 표현을 사용하는 것이 좋다.

셋째, 결론, 연구 결과의 함축적 의미, 어느 곳에 활용될 수 있는지 서술은 현재형 시제를 사용하고, 변수 측정을 위하여 개념을 어떻게 조작하였는지, 성과는 또 어떻게 측정하였는지 등은 과거형 시제로 서술한다.

(4) 간결하여야 한다

① 필요한 정보를 최대한 담되, 표현은 간결하게 한다.
② 특히 초록의 첫 문장은 해당 원고의 가장 중요한 내용을 전달하는 것으로 적는 것이 좋다.
③ 제목을 반복하여 서술하지 않도록 한다.
④ 중요한 개념과 결과들을 요약하되 4~5개 정도만 포함시킨다.
⑤ 다른 연구자들이 데이터베이스 검색에서 이용할 만한 주요 키워드가 포함되도록 작성한다.

(5) 초록에 포함되어야 할 사항들

초록에 무엇을 포함시킬 것인가는 연구의 형태에 따라 차이가 있다.

① 실증적 연구(empirical study)

가. 연구 문제: 가능하다면 한 문장으로 나타낸다.
나. 연구 참여자, 즉 피조사자들과 그들에 관한 세부 사항: 성별, 나이, 학력, 직급, 소득 수준 등
다. 연구 방법의 특징: 분량에 제한이 있으므로 연구 방법의 중요한 특징만을 간략히 서술한다. 특히 전자 검색을 할 때 키워드가 될 만한 특징을 위주로 서술한다.
라. 연구 결과(findings): 독립 변수 효과의 크기(effect size), 통계적 유의 수준 등 결과의 의의를 판단하는 데 핵심이 되는 정보를 서술한다.

마. 결론과 해석

② 문헌 검토(literature review)와 메타분석(meta-analysis)

가. 연구할 문제

나. 판단 기준

다. 독립 변수 효과의 크기를 포함한 주요 결과, 그리고 이러한 효과의 크기에 영향을 미치는 주요 변수들

라. 연구 한계와 결론

마. 이론, 정책 등을 위한 제안

③ 이론 지향적 연구(theory-oriented paper)

가. 각 이론이나 모델이 어떻게 작동되는가에 대하여 기술한다.

나. 이론이나 모델이 설명할 수 있는 현상

④ 방법론 연구(methodological paper)

가. 사용한 연구 방법의 일반적 유형

나. 제안된 연구 방법의 특징

다. 제안된 연구 방법의 적용 가능 범위

라. 통계적 방법의 경우, 안정적인 정도(robustness) 또는 설명력(power efficiency) 등 결과의 의의를 판단하는 데 필요한 핵심적인 사항을 기술한다.

⑤ 사례 연구(case study)

가. 주제

나. 사례 연구의 대상이 된 개인, 집단, 조직, 커뮤니티 등의 특징

다. 연구에 제시된 문제의 특성 혹은 해결 방법

라. 추가적인 연구의 필요

예시 2-2

초 록

초록 위는 3줄, 아래는 1줄을 띈다.

들여쓰기 하지 않음

초 록

본 연구는 효율적 지식재산행정체계의 필요성은 같은데도 왜 국가 간 그 유형에 차이가 있는지를 분석하고 정책적 시사점을 도출하는 것을 목적으로 한다. 제도분석(institutional analysis) 관점을 적용하여 미국, 일본, 중국, 그리고 한국의 지식재산행정체계를 비교 분석한 결과, 설명력의 정도에 차이가 있기는 하지만 아이디어, 제도, 이익집단, 그리고 경제발전 수준 등이 그 차이를 설명해 주었다. 이러한 분석 결과는 한국의 지식재산행정체계를 지식재산정책 전략의 기획, 조정, 추진 기능을 효율적으로 수행할 수 있는 유형으로 혁신하려면 무엇보다 최고 정책결정권자를 중심으로 정부의 지식재산의 중요성에 대한 아이디어의 수용, 정책 결정과정에서 산업계를 포함한 민간 참여의 확대, 그리고 지식재산행정체계의 단계적 형성 전략 등이 요구됨을 시사해 준다.

본문 글자 크기는 11.0 pt로 한다.

본문 다음에 한 줄 띄고 주제어를 적는다.

주제어: 지식재산행정체계, 지식재산, 제도분석

주제어는 '왼쪽 정렬'을 한다.

자료: 김준기 · 김난영 (2010). 미국, 일본, 중국, 한국의 지식재산 행정체계 비교 분석: 제도분석 관점의 적용. 한국행정학보, 44(2), p. 193.

'자료' 글자 크기는 10.0 pt로 한다.

글꼴은 '돋움'으로 한다.

5 도입부(introduction)

도입부는 새로운 페이지에서 시작한다. 글자 모양 속성 '진하게', 크기 12.0 pt, 문단 모양 '가운데 정렬'로 논문 제목을 적고 세 줄을 띄운 후 도입부, 예를 들어 '서론'을 시작한다. 도입부를 서술할 때 유의하여야 할 사항은 다음과 같다.

1) 연구 문제를 제기한다

학술 원고의 도입부는 자신이 연구할 문제를 제기하고 어떻게 연구할 것인지, 연구 방법에 대하여 서술하는 부분이다. 도입부에서는 다음과 같은 질문들에 대하여 적절히 대답할 수 있어야 한다.

① 왜 이 문제가 중요한가?
② 이 연구가 관련 분야 선행 연구와 어떻게 연관되는가? 만약 이 연구의 몇몇 부분이 선행 연구에서 이미 보고된 결과라면, 해당 연구는 선행 연구와 어떤 점에서 차별성을 갖는가?
③ 주요 가설과 연구 목적, 그리고 그것들이 이론과 어떻게 연관되는가?
④ 가설과 연구 설계는 상호간 어떻게 연관되는가?
⑤ 연구의 이론적 · 실제적 함의는 무엇인가?

2) 문제의 중요성을 언급한다

① 기초 연구(basic research)의 경우, 기존 연구 결과 간의 불일치(inconsistency), 혹은 기존 논의를 확장시키기 위한 필요성 등에 대하여 언급하는 것이 좋다.
② 응용 연구(applied research)의 경우, 사회 또는 행정 문제에 대한 해결의

필요성 등을 제기하는 것이 바람직하다.

③ 논란이 많은 주제에 대한 해답을 찾기 위하여 수행된 연구의 경우, 한쪽 논의로 치우치지 않아야 하며, 양쪽의 주장을 모두 서술하여야 한다. 적대적인 표현이나 인신 공격적인 표현은 삼간다.

④ 연구의 목적을 간결한 표현으로 다시 한 번 언급함으로써 문제 제기 부분을 끝맺는 것이 좋다.

3) 관련 학문적 저작물들을 제시한다

도입부에서 기존 연구들에 대하여 설명해 줄 경우, 독자들은 해당 연구 주제와 관련된 최근 문헌들에 대하여 파악할 수 있다.

① 해당 연구와 관련된 문헌들에 대하여 언급하되 지나치게 많은 설명을 할 필요는 없다. 독자들이 기본적인 연구 문제에 대하여는 이미 알고 있기 때문에 완벽한 설명까지 요구되지는 않는다.

② 해당 연구의 특정 부분이 이전의 연구들에서 어떻게 논의되고 있는지를 밝히고, 최근의 증거들이 이전의 증거들과 어떻게 다른지를 설명한다.

③ 기존 연구들을 요약할 때에는 불필요한 부분들은 제거하고, 해당 연구 주제와 관련된 부분, 방법론적 논의, 결론 등만을 압축적으로 기술한다.

④ 기존 연구와 현재 연구 간의 연관성을 논리적으로 증명하고, 연구 주제를 명확하고 심층적으로 발전시키는 것이 바람직하다.

4) 연구 가설들과 연구 설계에 대하여 말한다

① 실증적 연구의 경우에는 연구 가설을 제시하고, 이들이 기존 연구나 이론과 어떻게 논리적으로 연관되는지 밝힌다.

② 가설 간의 우선순위가 중요한 경우, 이에 대하여 설명하는 것이 바람직하다.

③ 연구 설계가 가설을 검증하는 데 어떻게 기여하며, 왜 그 설계가 가장 적합한지에 대하여 서술한다.

6 연구 방법(method)

이 부분에서는 변수의 개념적·조작적 정의를 포함하여 연구자가 연구를 구체적으로 어떻게 수행하였는가를 밝혀야 한다. 서로 다른 연구들은 각각 다른 연구 방법을 사용하기 때문에 독자들로 하여금 해당 연구 방법의 적절성, 연구 결과의 신뢰성 등을 파악할 수 있도록 한다. 만약 기존 연구에서 사용한 방법을 상당 부분 인용한 경우, 이를 간단한 개요의 형식으로 밝히는 것이 좋다. 연구 방법을 서술할 때에는 다음 사항을 유의한다.

1) 세부 항목들로 구성한다

연구 방법에 대하여 서술할 때에는 연구 참여자와 대상 등을 서술하는 부분, 연구 방법과 절차를 서술하는 부분 등 세부 항목으로 구분, 기술하는 것이 좋다. 이러한 세부 항목들은 일반적으로 다음의 네 가지로 구성된다.

① 연구 과정에서의 간여나 조작(manipulation), 변수 등

② 표본 추출 절차, 표본의 크기 등

③ 측정 방법

④ 연구 설계(연구 설계가 매우 복잡하거나 추가적인 설명을 필요로 할 경우에는 세부 항목을 더 추가하여 서술한다.)

2) 표본의 특성을 설명한다

연구 대상의 특성에 대한 정확한 기술은 연구 결과의 일반화, 연구 결과 간의 비교, 후속 연구 등을 고려할 때 매우 중요하다.

① 표본의 특성을 적절하게 설명해 주어야 한다. 성별, 나이, 종교, 인종, 교육 수준, 사회 경제적 지위, 언어 등 표본의 주요 인구학적 특징을 설명한다. 특히 연구의 결과에 영향을 미친 특성에 대하여는 최대한 구체적으로 서술하는 것이 바람직하다. 이때 표를 이용하는 것이 효과적일 수 있다.

예 1

"설문조사 대상 공무원과 민간위원들의 인구 사회학적 특성을 살펴보면 다음과 같다. 먼저, 성별은 남성 77.3%, 여성 22.7%의 분포이고, 연령별로는 20대 3.7%, 30대 27.3%, 40대 47.4%, 50대 이상 21.6%의 비중을 차지하고 있는 것으로 나타나, 남성의 비율이 여성보다 3배 이상 높았다. 연령별로는 40대 이상이 전체의 69.0% 이상을 차지하였다. 교육 수준별로는 전문대졸 3.6%, 4년제 대졸 69.1%, 대학원 이상 27.3%의 분포로 대졸 이상이 전체의 96.4% 이상임을 알 수 있다. 조사 대상자의 소속 및 신분은 부처 갈등관리 총괄 공무원 26.3%, 일반 공무원 60.8%, 부처 소속 갈등관리 심의위원 12.9%로 공무원이 전체의 87.1%로 대다수를 차지하였다."

자료: 임동진 (2011). 공공갈등 관리의 실태 및 갈등 해결 요인 분석. **한국행정학보**, 45(2), pp. 299-300.

:: 예 2

| 표 2-1 | 응답 자치단체장의 인적 특성

구 분		빈도(명)	비율(%)	항 목		빈도(명)	비율(%)
성별	남자	84	96.6	소속 정당	한나라당	68	78.3
	여자	3	3.4		민주당	9	10.3
	합계	87	100.0		저유선진당	3	3.4
연령	40대	2	2.3		무소속	7	8.0
	50대	44	39.1		합계	87	100.0
	60대	7	50.6	재임 횟수	초선	54	62.1
	70대	87	8.0		재선	23	26.4
	합계	1	100.0		삼선	10	11.5
최종 학력	중졸	11	1.2		합계	87	100.0
	고졸	28	12.6	소속 자치 단체	시	22	25.3
	전문대/대졸	28	32.2		군	28	32.2
	대학원졸	47	54.0		구	37	42.5
	합계	87	100.0		합계	87	100.0

자료: 유재원 (2011). 도시한계론의 핵심 가정에 대한 경험적 검증. 한국행정학보, 45(1), p. 111.

② 표본의 어떠한 특성이 데이터 분석에 사용되지 않았더라도, 그것에 대하여 간략하게 서술하는 것이 좋다. 이를 통하여 해당 연구에 대한 더 나은 이해가 가능하며, 메타 분석 역시 용이해질 수 있다.

3) 표본 추출 절차에 대하여 기술한다

데이터를 모으고 표본을 추출한 환경과 장소, 연구 참여자들의 동의 사항, 익명성 등에 대하여 서술한다.

4) 표본의 크기와 추정의 정확성에 대하여 기술한다

① 표본 크기를 어떻게 결정하였는지 알려 주는 것이 좋다.

② 추리 통계(inferential statistics)를 사용할 경우, 통계적 검정력(statistical power)을 제시한다. 이는 정해진 유의 수준, 효과의 크기, 표본의 크기에 따라 영가설을 올바르게 기각할 가능성을 높여 준다.
③ 표본의 정확성을 나타내는 지표, 예를 들면 신뢰 구간의 넓이 등도 적어 주면 좋다.

5) 측정 수단과 관련 변수들에 대하여 언급한다

연구 방법론 부분을 서술할 때에는 해당 연구 주제 하에서 수행된 모든 연구의 측정 수단과 관련 변수들에 대한 정보를 포함하도록 한다.
① 데이터 수집 방법, 예를 들어 설문지, 인터뷰, 관찰 등에 대하여 설명한다.
② 측정 수단의 질을 높이기 위하여 사용된 방법들에 대하여 적어 준다. 조사 또는 평가자들에게 어떤 훈련을 시켰는지, 이들의 평가가 왜, 얼마나 신뢰할 만한 것인지, 그리고 어떤 다양한 방법을 사용하였는지 등이 그러한 것들이다.

6) 연구 설계에 대하여 서술한다

연구들은 각각 서로 다른 설계에 따라 수행된 것이다. 따라서 연구 방법론 부분에서는 해당 연구가 사용한 연구 설계에 대하여 구체적으로 설명하여야 한다.
① 연구 대상자들이 조작된 환경에 의하여 영향을 받지는 않았는가? 자연스럽게 관찰되었는가?
② 다양한 조건 하에서 이루어졌을 경우, 연구 참가자들을 어떤 조건 하에 배정되었는가? 무작위 배정인가? 아니면 특정한 선택 체계에 의한 것이었는가?
③ 해당 조사가 연구 대상자 간의 특성을 측정하도록 설계되었는가? 아니면 특정한 대상자만의 특성을 측정하였는가?

7) 특정한 조작, 간여에 대하여 설명한다

연구 수행 중 연구 대상이나 연구 조건, 표본, 측정 시기, 측정 도구 작성 등에서 특정한 조작이나 간여가 있었다면 이에 대하여 구체적으로 서술하여야 한다. 예를 들어, 통제 집단을 어떻게 구성하였는가, 어느 시점에서 측정을 하였는가 등이다. 다음의 사항을 포함하는 것이 좋다.

① 연구 참여자들에게 주어진 특정한 지시 사항

② 실험을 실시한 경우, 구체적인 실험적 조작과 데이터의 획득 방법

③ 주요 연구 조건들과 매개 변수(parameter)

④ 연구 참여자들을 어떠한 방법과 기준을 적용하여 실험 및 통제 집단으로 분류하였는가?

7 연구 결과

이 부분에서는 수집된 데이터와 이 데이터를 사용하여 수행된 연구의 분석 결과를 제시한다. 저자가 말하고자 하는 결론을 정당화할 수 있도록 충분히, 구체적으로 기술한다. 모든 관련된 결과에 대하여 언급한다. 그러나 연구를 위하여 사용되지 않은 원(原) 자료(raw data)의 개별 값들을 모두 밝힐 필요는 없다. 연구 결과를 보고할 때에는 편향적(偏向的)이지 않아야 하며, 내용을 완결적 형태로 서술하고, 통찰력 있는(insightful) 설명을 하여야 한다.

1) 통계 분석

① 독자들이 통계적 방법에 대하여 전문적인 지식을 갖고 있다고 가정한다. 따라서 일반적으로 사용되는 통계적 방법의 기본 개념, 절차 등을 설명할 필요는 없다.

② 데이터 손실은 통계적 검증에 의하여 추론된 결과의 정당성에 부정적 영

향을 미칠 수 있다. 따라서 손실된 데이터에 대하여는 구체적인 설명이 필요하며, 그것이 손실된 이유를 밝히는 것이 좋다.

③ 통계적 검증에 의하여 추론한 결과를 보고할 때에는 모수(母數), 효과의 크기 등에 대한 정보를 전달하여, 독자들로 하여금 분석 결과에 대하여 충분히 이해할 수 있도록 한다.

④ t검정, F검정, 카이제곱 검정 등과 같은 통계 검정의 결과를 제시할 경우, 검정 통계량의 값, 자유도, p값, 효과의 크기와 방향성 등을 기술한다.

⑤ 신뢰 구간을 제시하는 경우, 하나의 학술 원고 내에서는 95% 혹은 99% 등 동일한 신뢰 구간을 사용하는 것이 바람직하다.

2) 연구 참여자들의 변동

실증적 연구의 경우, 연구가 수행되는 동안 발생한 연구 대상자들의 변동 사항에 대하여 밝혀야 한다. 연구가 처음 시작된 시점의 실험 및 통제 집단의 개체 수와 각 집단에 배정된 개체 수를 명시하고, 연구가 종료되기 이전에 표본에서 이탈한 개체 수 또한 보고하여야 한다.

3) 연구자의 간여, 실험 조작 및 처리에 대한 보고

연구를 수행할 때 연구자의 특정한 간여, 조작이 이루어졌다면, 그것이 원래 의도대로 잘 수행되었는지 알 수 있는 증거를 제시하여야 한다.

8 논 의

결과를 보고한 후에는, 그것의 함의를 평가하고 해석하여야 한다. 결과에 대한 논의가 간략할 경우, 연구 결과와 함께 쓰는 것도 한 가지 방법이다.

① 가설 검정 결과에 기초하여, 결과가 원래 세웠던 가설을 지지하는지 혹

은 지지하지 않는지를 명확한 문장으로 기술하고 논의를 시작한다.

② 이미 언급하였던 논점을 단순히 반복하는 것은 지양한다. 여기서는 연구로부터 도출된 결론에 대한 새로운 해석이 이루어져야 한다.

③ 결과 해석은 내적 타당성(internal validity)을 위협할 수 있는 잠재적 요인들, 측정 수단의 불명확한 부분, 관찰된 효과의 크기, 연구의 약점이나 한계, 의도하였던 처리와 실제로 수행된 처리와의 차이 등을 포함하여야 한다.

④ 해당 연구의 결과가 갖는 중요성을 정당화하는 말로 끝맺는 것이 바람직하다.

⑤ 논의에서는 다음 사항들을 고려할 필요가 있다.

– 연구 결과가 갖는 이론적·실제적 중요성은 무엇인가?
– 연구 결과에 의하여 실제 사회, 행정 현상이 어떻게 설명될 수 있는가?
– 이 연구에서 어떤 점들이 미해결된 상태로 남아 있는가?
– 이 연구로 인하여 새롭게 제기된 문제는 무엇인가?

이 질문들에 대한 대답은 해당 연구가 갖는 학문적 기여도를 정당화하는 데 도움을 줄 것이다.

9 참고 문헌

참고 문헌 목록은 새로운 페이지에서 시작하며, 제목인 '참고 문헌'은 페이지 상단 가운데 배치한다.

10 각 주

1) 내용 주(內容註)

내용 주(content footnotes)는 내용에 대한 부가적인 설명을 하는 각주(脚註)이다.

① 이 각주에서 복잡하거나 부적절한, 또는 불필요한 정보를 전달해서는 안 된다. 이는 독자들의 집중을 흐트러뜨릴 수 있기 때문이다. 따라서 각주는 논의를 강화시킬 수 있을 경우에만 사용하는 것이 좋다.

② 하나의 각주는 하나의 아이디어만을 전달하여야 한다. 각주의 내용이 길어져 두 개 이상의 단락을 이룰 경우, 그 내용은 본문 혹은 부록(appendix)에 포함시키는 것이 바람직하다.

③ 각주의 내용이 길어질 경우, 또 다른 방법은 보충적인 정보를 담고 있는 온라인 페이지를 간략하게 링크하는 것이다.

2) 자료 출처를 밝히는 각주

자료 출처에 관한 각주는 저작권자로부터의 인용 허락 등에 관한 각주(copyright permission footnotes)를 포함한다.

① 각주들에는 본문에 해당 내용이 나와 있는 순서에 따라 번호를 매긴다.

② 본문 각주의 경우는 페이지 하단에 표기한다.

③ 도표 주(圖表註)는 도표의 하단에 표시한다.

:: 예

편저 출판에서, '김태일 · 한경희 (2008). 1990년대 말~2000년대 전반의 공무원과 민간기업 종사자의 직무 만족도 변화 비교. 한국행정학보, 42(3): 293－312'

를 책의 일부(book chapter)로 넣고자 한다면, 해당 글이 시작되는 첫 페이지 하단에 각주로 글자 크기 9.0 pt, 문단 모양 '왼쪽 정렬'로 출처 정보 외에 다음과 같이 표기한다.

한국행정학회 (Copyright©2008)로부터 사용 동의를 얻음.

11 부록 및 보충 자료

원고를 보충하는 자료는 본론 부분에 넣기에는 부적절할 수 있다. 이 경우 부록에 그 내용을 첨부하는 것이 바람직하다. 부록은 원고의 말미에 직접 포함시킨다. 본문 내용 보충 자료는 온라인 페이지 링크를 통하여 제공한다.

1) 부록

① 일반적으로 보충적인 내용이 상대적으로 간략하여 인쇄된 원고에 포함시키는 것이 용이할 때 부록의 형식을 사용한다. 예를 들어, 메타 분석에서는 많은 관련 연구를 검토하게 되는데, 이때 연구자가 분석 과정에서는 사용하였으나 직접 연구 주제와 관련되지 않은 문헌들의 긴 목록을 처리할 때나 연구 대상의 인구학적 특성이 중요하여 이들을 구체적으로 밝힐 필요가 있는 경우 등이다.

② 부록이 한 개라면 <부록>이라는 제목을 붙이고, 두 개 이상인 경우 <부록 1>, <부록 2>와 같이 일련번호를 붙인다. 부록이 하나이나 매우 긴 경우, 제목 뒤에 (1), (2)로 나누어 제시한다.

:: 예

<부록> 국가별 부패 관련 독립 변수의 값 (1)

<부록> 국가별 부패 관련 독립 변수의 값 (2)

③ 부록이 여럿일 때, 각각 새로운 페이지로 시작하고, 제목은 '가운데 정렬' 시킨다.

2) 보충 자료

① 자료가 원고의 본문 내용을 보충하는 것이나 인쇄된 원고에 포함시키기에는 적합하지 않은 경우가 있다. 이때는 온라인상으로 제공하는 것이 바람직하다. 대표적인 예는 분량이 매우 큰 데이터, 수학적 혹은 컴퓨터 공학 모델의 자세한 내용, 오디오 혹은 비디오 파일, 크기가 매우 큰 도표 등이다.
② 보충 자료는 본문 해당 페이지 하단에 각주로 온라인 페이지 링크를 기입하여 제공한다.
③ 보충 자료를 제공할 때에는 널리 이용되는 파일 형식을 사용하는 것이 좋다. 구체적인 예는 다음과 같다.

문서: Word, PDF, HTML, ASCII
표: Word, PDF, HTML, Excel, XHTML, XML
그림: PDF, GIF, JPEG, TIFF
오디오와 비디오: MP3, AVI, MPG, Quicktime, RM, WAV
애니메이션: GIF, JPEG, Flash/Shockwave

12 저자 소개

○ 게재 확정 통보를 받은 후, 최종 원고 파일을 이메일로 제출 시, 최종 원고의 끝 부분, 즉 참고 문헌 다음에 페이지를 바꾸어 제시한다. 저자 소개는 원고의 페이지 수에 포함되지 않는다.

○ 문단 모양 '가운데 정렬'로 '저자 소개'라고 표시한다. 다음 성명, 박사학위(학위명, 취득 연도와 대학, 논문 제목 등), 소속 기관 및 직위, 연구 관심 분야(3개 이내), 최근 5년 이내의 저서 및 논문(3편 이내) 등을 중심으로 간략하게 기술하고, 끝에 e-mail 주소를 제시한다.

○ 이메일 주소는 소괄호( ) 속에 표기하고, 뒤에 마침표는 찍지 않는다.

예시 2-3

저자 소개

저자 소개

김병섭: 미국 조지아대학교에서 행정학 박사학위를 취득하고 정부혁신지방분권위원회 위원장을 역임하였으며, 현재 서울대학교 행정대학원 교수로 재직하고 있다. 연구 관심 분야는 공익, 국가발전과 정부의 역할, 혁신 전략과 관리 등이다. 최근 저서 및 논문으로는『편견과 오류 줄이기: 조사 연구의 논리와 기법』(2판)(법문사, 2010), 탑다운 예산제도의 자율성 변화 분석(『한국행정연구』, 2009),『휴먼조직론』(공저. 대영문화사, 2008) 등이 있다. (bskimn@snu.ac.kr)

박상희: 서울대학교 행정대학원에서 박사학위를 받고, 현재 한국연구재단의 지원을 받아 남가주대학교(University of Southern California)에서 박사 후 연수 중에 있다. 관심 분야는 조직관리, 정부개혁, 인사정책 등이다. 여성채용목표제의 정책적 효과 분석(『한국행정학보』, 2006), 정보 왜곡에 대한 조직 구조적 접근: 1997년 외환위기 인식 과정을 중심으로(『한국행정연구』, 2008) 등의 논문을 게재하였다. (selotus@gmail.com)

자료: 김병섭 · 박상희 (2010). 공공기관 임원의 정치적 임명에 관한 연구: 법제도 및 대통령의 영향을 중심으로. 한국행정학보, 44(2), p. 85.

한자 이름을 병기 않음

이메일 주소 다음에는 마침표를 찍지 않는다.

제 2 절 문서의 편집

단행본의 글꼴, 글자 크기, 문단 모양 등 편집은 관련 분야 출판 관행과 용례에 따른다. 단 학술지 원고 용지의 편집은 다음 기준에 의한다.

|표 2-2| 문서 편집의 기준

편집 용지			문단 모양			글자 모양	
용지 여백	위쪽	30	여백	왼쪽	0	글꼴	바탕
	아래쪽	30		오른쪽	0	기준 크기	11.0 pt
	왼쪽	30	간격	줄간격	160	장평	100
	오른쪽	30		문단 위	0	자간	0
	머리말	12		문단 아래	0		
	꼬리말	12	첫째 줄	들여쓰기	10.0 pt		
	제본	0	정렬	정렬 방식	양쪽 혼합		
				낱말 방식	0		

The KAPA Publication Manual

CHAPTER 03

문장의 표현

제 1 절 문장의 서술 형식*

1 문장 표현의 연속성

학술 원고는 명확하고 체계적으로 기술되어야 하고 차분하면서도 상세하게 표현되어야 한다. 또 저자는 원고의 주요 내용을 독자들이 효과적으로 이해할 수 있도록 기술하여야 한다. 서론부터 결론에 이르기까지 용어나 개념, 주제의 연속성 등을 유지할 필요가 있다.

연속성을 유지하는 하나의 방법은 마침표를 사용하는 경우라도 문장 상호간의 내용 관계를 긴밀하게 유지하면서 서술하는 것이다. 이러한 마침표 사용은 독자들로 하여금 쉬게 하거나 생각을 하도록 하고, 주제의 내용을 좀 더

* 국어 문장 표현은 국립국어원의 표준과 용례를 활용하고, 영문은 미국심리학회 발간 논문 작성 매뉴얼의 해당 사항을 발췌 번역하거나 요약 기술함. The American Psychological Association (2010). *Publication manual of the American Psychological Association* (6th ed). Washington, DC: The American Psychological Association 참조.

깊숙하게 이해할 수 있는 여유를 줄 수 있다. 하지만 마침표를 지나치게 많이 사용하거나 또는 적게 사용하는 것도 바람직하지 않다. 지나친 사용은 독자로 하여금 이해의 연속성 유지를 어렵게 하고, 너무 적은 사용은 오히려 혼란을 줄 수 있는 까닭이다.

연속성 유지의 또 하나의 방법은 접속사의 사용이다. 저자의 생각이나 주장의 흐름을 유지하기 위하여 앞 문장에서 사용한 명사를 언급하는 대명사를 활용하여 연속성을 유지할 수 있다. 또한 앞 문장과 다음 문장을 접속하기 위하여 '그런데', '그 다음에', '그 후에', '~하는 동안', '~하기 때문에' 등과 같은 시간 연결의 접속사나, '그러므로', '결과적으로', '그 결과' 등과 같은 원인과 결과 연결 접속사를 사용할 수도 있다. 추가적인 내용을 연결하고자 하는 경우에는 '그(이)뿐만 아니라', '게다가', '더욱이', '이와 함께' 등을, 문장 간 대조를 통한 연결에는 '그러나', '역으로', '그럼에도 불구하고', '하지만', '비록~할지라도' 등을 활용한다.

2 명확성과 적절성

문장 표현은 명확하고 적절하여야 한다. 학술 원고는 수필과는 큰 차이가 있다. 수필의 경우 다소 모호하게 표현하기도 하고, 예측된 내용을 생략하거나 예기치 않은 것을 삽입하기도 하며, 주제나 사람, 시제(時制)도 갑자기 바꿀 수 있다. 하지만 이러한 문장들은 학술 원고에서는 독자들을 더욱 혼란스럽게 할 우려가 있다. 그러므로 이를 피하기 위해서는 좀 더 명확하고 논리적인 문장을 사용하여야 한다. 일반적으로 저자는 자신의 연구와 원고를 매우 가까이에서 계속적으로 반복하여 보기 때문에 이러한 문제들을 간과하기 쉽지만 초안(草案)을 나중에 다시 한 번 읽음으로써 불필요한 생략이나 불규칙성, 비논리적인 부분들을 찾아내어 해결할 수 있다. 자기 원고를 소리 내어 읽어보는 것도 도움이 될 것이다.

학술 원고는 문학 작품과는 목적이나 그 형식이 다르기 때문에 집필 형식도 다르다. 하지만 작성 양식을 준수하여야 하고 지루하지 않도록 서술하는 것이 중요하다. 저자는 자신의 연구 결과를 발표할 때 연구 목적과 아이디어, 결과에 대하여 직접적으로 설명하되, 독자들의 관심을 끌 수 있고 설득력을 가진 문장으로 표현하여야 한다.

또한 학술 원고는 다른 연구자들의 입장과 차이가 있을 수 있다. 이러한 주장이나 입장 차이는 전문적이되 다툼을 지양하는 방식으로 표현하는 것이 바람직하다. 예를 들면 '갑과 을은 ○○○은 언급하지 않고 있다'라고 해야지, '갑과 을은 … 을 완전히 간과하고 있다'라고 표현하는 것은 좋지 않다. 적절한 어조, 부드러운 표현을 유지하고자 노력한다. 이러한 표현과 문장의 어조를 유지하는 한 가지 효과적인 방법은 저자가 누가 자신의 논문을 읽을 것인가? 즉 자신의 논문을 읽을 것이라고 생각되는 특정 독자를 상상하면서, 그를 이해시키고 설득시켜야 한다는 관점에서 서술하는 것이다. 예를 들어, 저자가 활동하고 있는 분야에서 저자와 매우 잘 아는 연구자를 그 대상으로 상정하고 기술하는 것이다.

3 경제성

저자는 원고에 꼭 필요한 내용만 포함시켜야 한다. 원고에서 절제된 용어를 사용할수록 독자들은 이해하기 쉽고 출판 또는 학술지에 게재될 가능성도 그만큼 높아진다. 특히 학술지에 인쇄되는 논문의 길이는 제한이 있는 만큼, 연구 결과를 축약하여 기술할 필요가 있다. 저자는 긴 원고를 축약함으로써 중복, 중언부언, 비공식적인 유행어, 모호한 표현, 수동태의 과다 사용, 우회적인 표현, 어색한 문장 등을 찾아내 제거할 수 있게 된다. 지나치게 상세한 묘사나

자명한 것에 대한 장황한 설명, 연구 주제와 직접 상관이 없는 내용 등은 축소하거나 삭제한다. 짧은 단어나 간단한 문장은 긴 단어나 긴 문장보다도 이해가 쉽다. 다만, 기술적인 용어는 길게 표현하는 것이 몇 개의 짧은 단어들로만 표현하는 것보다 더 정확할 수 있다. 학술 원고에서 기술적인 용어는 다른 분야 독자들도 가급적 이해할 수 있도록 표현되어야 할 것이다. 몇 명의 전문가에게만 익숙한 용어를 사용하게 되면 학문적 기여는 오히려 기대하는 것보다 떨어질 수 있다.

전문적이고 효과적인 원고 작성에는 세 가지 방법이 있다. 첫 번째는 연구의 개요를 가지고 서술하는 것이다. 두 번째는 초안을 작성한 후 나중에 그 초안을 다시 읽어보며 수정해 가는 방법이다. 세 번째는 동료에게 초안 검토와 비판을 요청하는 것이다.

첫 번째 연구의 개요를 가지고 작성하는 방법은 연구 내용 자체의 전반적인 논리를 유지하는 데 도움이 될 수 있다. 연구의 개요를 통하여 핵심적인 아이디어와 부속적 아이디어를 확인할 수 있고, 연구와 직접 관계가 없는 내용을 피할 수 있으며, 포함되지 않은 핵심 내용도 잡아낼 수 있다. 또한 이러한 연구 개요를 통하여 원고에 사용될 소제목들을 정리할 수도 있다.

두 번째 방법인 초안을 며칠 후에 다시 읽는 것은 새로운 시각을 제공해 줄 수 있고, 초안에서 저자가 간과한 잘못들을 찾아낼 수 있도록 돕는다.

이러한 문제가 교정이 되고 나서 수정된 안을 다른 연구자로 하여금 검토하도록 요청할 수 있다. 가능하다면, 두 사람 정도의 비평을 듣고 난 후 학술지의 심사 과정을 밟는 것도 좋다.

이러한 방법들은 저자가 예상한 것보다 훨씬 더 많은 시간이 소요되지만 그 결과 원고는 좀 더 정확하고 철저하며 명료한 논문으로 발전할 수 있을 것이다.

제 2 절 문장 표현과 구성

1 제목 표현 및 배열

원고의 제목은 한국어를 사용하는 사람이 의미의 혼동 없이 쉽게 이해할 수 있도록 정하여야 한다. 원고는 한글 사용을 원칙으로 하되, 뜻을 명확히 하기 위하여 불가피한 경우에만 한자를 쓰고, 외국 학자의 이름은 원어로 적는다.

- ㅇ 단행본의 새로운 장(章)의 제목은 페이지를 달리하여 시작하고, 윗줄을 두 줄 비운 후에 시작한다. 페이지의 마지막 줄에 새로운 단락이 오게 될 때는 다음 페이지에서 새로운 단락을 시작한다.
- ㅇ 단행본 절(節) 목차의 기호 체계는 해당 분야 출판 관행 또는 용례에 따른다. 학술지 원고의 목차 기호 체계는 Ⅰ, 1, 1), (1), ①의 순서를 사용하고, 각각에 따른 제목을 정하여 표기한다. 가능하면 세분화를 지양한다. 표나 그림의 제목은 원고의 전편을 통하여 일련번호를 부여하고 그 다음에 제목을 표기한다.
- ㅇ 도표 번호와 제목은 표와 그림의 윗부분 중앙에, 자료의 출처는 '자료:'라고 표시하여 표, 그림의 아랫부분에 배치한다. 이때 자료의 출처는 '왼쪽 정렬', 글자 크기 10.0 pt, 내어쓰기 10.0 pt, 줄 간격 130%로 적어 준다.
- ㅇ 본문의 단락이나 문장 내에 여러 가지 요소를 설명할 경우, 첫째, 둘째, 셋째, … , (가), (나), (다), … , ①, ②, ③, … , 또는 영문 소문자를 사용하여 (a), (b), (c), … 나 ⓐ, ⓑ, ⓒ, … 의 형식으로 서술한다. 한 문장 안에서 세 개 이상의 요소를 설명할 때는 쉼표 반점(,)을 사용하고, 만약 각 요소 안에 쉼표가 있을 경우에는 분리, 기술하여 혼동을 피한다. 세 가지

이상의 요소를 분리하여 별도의 목록 형식으로 서술하고자 할 경우에는 마침표 온점(.) 또는 각각의 문장으로 기술한다.

2 일반적 구성 형식

다음은 학술 논문 원고의 일반적 구성 형식에 관한 기준이다.

1) 표지 및 초록

- 제목: 글꼴 '바탕', 글자 크기 12.0 pt, 글자 속성 '진하게', 문단 모양 '가운데 정렬'로 적는다. 제목은 페이지를 시작할 때 세 줄을 띄워서 적고, 다시 두 줄을 띄워 저자(소속)를 적는다.
- 저자: 글꼴 '바탕', 글자 크기 11.0 pt, 글자 속성 '보통', 문단 모양 '가운데 정렬'로 적는다. 만일 저자가 여러 명이라면, 이름과 이름 사이에 가운뎃점(·)을 사용하여 분리한다.
- 소속: 글꼴 '바탕', 글자 크기 11.0 pt, 글자 속성 '보통'으로, 저자명(소속)의 방식으로 적는다.
- 국문 초록과 주요어(key words): 국문 초록은 글꼴 '바탕', 글자 크기 11.0 pt, '양쪽 정렬', 문단 모양 첫 줄은 '보통'으로 한다. 키워드는 한 줄 띄우고, 첫 줄을 '보통'으로 적는다.

2) 본문

- 본문: 글꼴 '바탕', 글자 크기 11.0 pt, 글자 속성 '보통', 문단 모양 '양쪽 정렬', '들여쓰기' 10.0 pt, 줄 간격 160%로 편집한다.
- 소제목: 글꼴 '바탕', 글자 크기 11.0 pt, 글자 속성 '진하게' 표기하고, 제목이 끝나면 한 줄을 띄운 후 시작한다.

○ 표와 그림 제목: 글꼴 '바탕', 글자 크기 11.0 pt, 글자 속성 '보통'으로 중앙에 배치한다.
○ '자료:'와 '주:'는 글꼴 '바탕', 글자 크기 10.0 pt, 글자 속성 '보통', 문단 모양 '왼쪽 정렬', '내어쓰기' 10.0 pt, 줄 간격 130%로 한다.
○ 각주는 글꼴 '바탕', 글자 크기 9.0 pt, 글자 모양 '보통', 문단 모양은 '왼쪽 정렬', '내어쓰기' 10.0 pt, 줄 간격 130%로 한다.

3) 참고 문헌

○ '참고 문헌'은 글꼴 '바탕', 글자 크기 11.0 pt, 글자 속성 '진하게', '가운데 정렬', 그 다음에 한 줄을 띄운다.
○ 인용 문헌 리스트는 글꼴 '바탕', 글자 크기 11.0 pt로 하되, 문단 모양은 '왼쪽 정렬'로 하고, '내어쓰기' 10.0 pt로 한다.

제 3 절 문장과 문법

1 문법 및 활용

학술 원고는 가능한 한 국문으로 쓰고, 번역이 곤란한 경우에 한하여 영문으로 쓴다. 번역된 용어의 이해를 돕기 위하여 영문을 괄호 안에 넣어 덧붙일 수 있다. 잘못된 문법이나 문장 구성은 독자를 산만하게 하고, 문장의 뜻을 모호하게 만든다. 궁극적으로 독자와의 소통을 어렵게 한다는 점에서 필자의 주의가 요구된다. 동사는 직접적이고 활동적인 의사소통 수단인 만큼 능동태를 사용하고, 시제를 적절하게 선택한다. 하지만 필요한 경우 수동태를 설명에 활용할 수 있다. 행위자보다는 행위의 대상에 중점을 둘 경우에 특히 유익한 선택일 수 있다. 대명사는 명사를 대체하는 수단으로 사용할 경우, 앞에서 기술한 명사를 명확히 하여야 한다. 형용사나 부사의 사용도 수식하는 단어를 분명히 하고 맥락에 맞는 것을 쓰도록 한다. 수식어의 위치를 잘못 두거나 잘못 지정할 경우 해당 단어나 문장을 모호하게 하고 논리적 연결을 끊는 등의 문제를 야기하는 만큼 주의한다.

2 본문 주(本文註)

○ 선행 연구들이 문장의 일부로 언급되는 경우에는 다음과 같이 서술한다.

:: 예

Birkland (2005: 144)는 의료 분야 규제와 같은 전문 분야 규제를 위한 규제정책에서는 전문가들이 고객에 대하여 … 라고 말한다.

현승숙 · 금현섭 (2011: 161)은 Brint and Levy (1999: 164)의 말을 인용, "사회참여(civic engagement)는 주민이 지역 내 공공문제를 해결하기 위하여 시민사회에 적극적으로 참여하는 행위"라고 설명한다.

○ 괄호 속에 분리되어 언급되는 경우에는 다음과 같이 서술한다.

:: 예

"Martins and Terbalanche (2003)와 Sternberg (1999)는 창의성에서 설명하는 아이디어는 단순히 새롭기만 한 것이 아니라 가치 있는 상품이나 서비스 등으로 연결될 수 있는 것이어야 한다고 설명한다" (구교준 · 조광래, 2011:

271).

… 라고 볼 수 있다(감사원법 §2①; 행정안전부, 2011).

… 을 제시하였다(Stillman, 2009: 100; Denhardt & Denhardt, 2008: 258-268).

… 창의성은 넓게 보면 혁신 과정의 일부라고도 볼 수 있을 것이다(Alves, Margues, Saur, & Marques, 2007).

- 각주의 경우, 본문에서의 일반적인 각주는 혼글의 글자 모양 속성에서 '위 첨자' [1], [2], [3] 등으로 표기한다.

3 붙여쓰기와 띄어쓰기

원고 작성에는 국립국어원의 한글 맞춤법, 표준어 표기법 등을 기준으로 사용한다.

- 띄어쓰기는 '학(學)'으로 끝나는 단어와 '별(別)', '순(順)' 등의 접미사는 앞의 명사와 붙여 쓰고, 한국어 이름은 외자인 경우에도 성과 이름을 붙여 쓴다.
- 차례를 나타내는 의존 명사 '번째'를 쓸 때는 앞에 공백을 넣는다. 고사성어, 한자어 합성어, 여러 단위로 된 고유명사, 전문 용어는 띄어쓰기가 원칙이나 붙여쓰기도 가능하다.

:: 예

김환 (○), 김 환 (×)

나라별, 인구순

첫 번째 (○), 첫번째 (×)

제 4 절 생략 및 인용

1 생략

○ 문장 내에서 생략은 줄임표(…)를 사용한다.

○ 문장 전체를 인용할 때는 마침표로 끝내고, 완전한 문장의 결말 다음의 생략은 문장 마침표에 덧붙여 줄임표를 사용한다.

○ 생략의 범위가 많을 때, 예를 들어 한 줄 전체, 혹은 한 단락 전체의 생략은 줄임표 반복(… … …)으로 한 행을 메운다. 그렇지 않은 경우는 생략된 부분에 줄임표(…)를 사용한다.

2 문헌 인용

문헌 인용은 직접 및 간접 인용으로 나뉜다. 직접 및 간접 인용에서는 저서와 논문 모두 다음 원칙이 적용된다.

1) 직접 인용

○ 문장을 인용할 경우, 모든 인용 사항은 단어나 철자, 구두점까지 인용 원문과 정확히 일치하도록 한다.

○ 인용하는 내용이 짧은 경우(국문 3행 이하, 영문 40단어 미만)에는 인용 부호(" ")를 본문 속에 삽입하고 인용문의 말미에 인용 출처를 밝힌다. 인용 출처는 괄호 안에 저자와 출판 연도, 해당 페이지를 표기한다. 인용하는 내용이 긴 경우(국문 4행 이상)에는 본문에서 따로 떼어 기술한다.

따로 기술하는 경우에는 인용 부분의 아래와 위를 본문에서 한 줄씩 띄우고, 글자 크기는 10.0 pt, 좌·우로 각각 30.0 pt 들여 쓴다. 인용 출처는 의미나 내용의 인용 지점에 표시한다.

2) 간접 인용

- 간접 인용을 할 때에는 원문의 내용과 의도가 왜곡 또는 손상되지 않도록 주의하고, 출처를 정확히 밝힌다.
- 인용하는 저서나 저자명이 본문에 나타나는 경우에는 괄호 속에 발행 연도와 필요한 경우 해당 페이지를 표시하고, 인용하는 저서나 저자명이 본문에 나타나지 않는 경우에는 해당 부분 말미에 괄호를 치고 그 속에 저자명과 발행 연도, 필요한 경우 해당 페이지를 표시한다.
- 저자가 3명인 경우까지는 반복 인용하는 경우에도 저자들의 이름을 모두 표기한다. 하지만 저자가 4명인 문헌을 두 번 이상 인용하는 경우에는 첫 번째 인용에서는 모든 저자를 적어 주나, 두 번째부터는 제1저자만 표기하고 그 다음은 국문의 경우 '○○○ 외', 영문의 경우 라틴어인 et alii(and others)의 약어인 'et al.'로 나타낸다. 5명 이상의 경우는 처음부터 제1저자만 밝힌다.
- 하나의 사항에 여러 문헌을 인용하는 경우, 문헌들 사이는 쌍반점(;)으로 가른다. 여러 개의 문헌을 동시에 인용하고자 할 때는 문헌 인용의 직접 관련성, 중요성 순으로 나열한다.
- 저자가 여러 명인 외국 문헌을 문장 중에 직접 인용할 때는 Kogut and Zander (1995), Teece, Pisano, and Shuen (1997)과 같이 표기한다. 하지만 문장이나 인용 구절 끝 괄호 속에 저자명을 표기하는 간접 인용 시에는 마지막 저자명 앞에 'and' 대신 '&'를 사용한다.

제 5 절 문장 부호의 사용

1 구두점

○ 문장 부호의 주요 목적은 의미를 명료하게 하는 데 있다.
- 세 개 혹은 그 이상의 관련성 있는 단어를 계속 쓸 때에는 '그리고', '와(과)', '및' 혹은 '등' 앞의 단어들 사이에 마침표 반점(,)을 사용한다.
- 붙임표(-) 앞뒤에는 공백을 두지 않는다.
- 감탄사(!)는 학술 논문에서는 가능한 한 쓰지 않는다.
- 쌍점(:)은 보충적인 설명 시 사용한다.

○ 다음과 같은 경우에 온점(.)을 사용한다.
- 문장이 끝날 때
- 이름의 이니셜, 약자의 사용, 참고 문헌의 약자 등. 그러나 영문에서는 주(州)의 약자, 대문자 약자, 웹 주소, 측정 단위(cm, m, ft, min 등)에는 사용하지 않는다.

○ 반점(,)
- 세 개 이상의 항목을 연속하여 서술할 경우
- 반점(,)이 없으면 문법적으로 맞지 않거나 의미가 달라질 경우
- 두 개의 독립된 절, 접속사에 의하여 연결된 두 개의 독립된 절을 분리하고자 할 경우
- 정확한 날짜와 연도 사이
- 괄호 안의 참고 문헌 인용에서 저자와 연도 사이

○ 쌍점(:)과 쌍반점(;)

문법적으로 완전한 절과 이를 예시하거나 추가 설명을 하는 절 사이에 쌍점을 사용하고, 접속사를 사용하지 않는 두 개의 독립된 절을 분리하고자 할 경우에는 쌍반점을 사용한다.

○ 줄표(—)

연속되는 하나의 문장에서 갑자기 설명이 필요한 경우에 사용한다. 하지만 줄표(—)의 지나친 사용은 문맥의 흐름을 약화시키므로 유의한다.

○ 소괄호(( ))

문장에서 다음의 경우에는 소(반달) 괄호를 사용한다.

– 문장 구조 속에서 독립된 요소들을 설명하고자 할 경우

– 본문에서 참고 문헌을 인용할 경우

– 약어를 설명할 경우

– 한 문장이나 단락 내에서 항목들을 설명하는 부호로 사용할 경우

– 수학적인 표현을 묶을 경우

○ 대괄호([ ])

다음에서는 대괄호를 사용한다.

– 직접 인용 문장에서 저자의 의견이나 해석을 넣을 경우

2 문단 모양

○ 문단 모양

문단 시작은 한글에서 문단 모양의 '들여쓰기' 기능을 사용하여 10.0 pt 만큼 띄고 시작한다. 그러나 약자 사이는 띄지 않는다. 비율 표시에서 쌍점의 경우도 마찬가지이다.

:: 예

U.S., a.m., i.e.

6:1

○ 따옴표

반어적인 코멘트나 속어 또는 다른 사람이 사용한 단어나 문구를 활용할 경우, 시험 문제나 숙어적인 자료를 직접적으로 사용할 경우에는 큰 따옴표(“ ”)를 사용하고, 큰 따옴표 안에 포함된 출처 자료는 큰 따옴표 안에 다시 작은 따옴표(‘ ’)를 사용한다.

– 큰 따옴표(“ ”)

대화, 인용, 특별 어구 따위를 나타내거나 남의 말을 인용할 경우에 사용한다.

– 작은 따옴표(‘ ’)

따온 말 가운데 다시 따온 말이 들어 있을 때와 명칭, 제목, 마음속으로 한 말 등을 적을 때에 사용한다.

:: 예

영국의 존 홉킨스 교수는 “구텐베르크의 금속활자는 한국의 금속활자를 모방했다”고 주장하였다.

“여러분! 침착해야 합니다. ‘하늘이 무너져도 솟아날 구멍이 있다’고 합니다.”

김 전 대통령은 ‘2009년 신년 하례회’ 인사말을 통하여 “현재 우리나라는 민주주의 위기, 경제 위기, 남북 관계 위기 등 3대 위기에 처하였다”고 말하였다.

제6절 인명 및 지명의 표기

1 인명, 단체명의 표기

○ 인명이나 단체의 명칭은 그동안 써 온 표기를 존중하여 해당 인물이나 단체가 대외적으로 정한 명칭에 따라 표시하고, 단체 또는 법인의 명칭이 외국어 또는 외래어인 경우 단체 등이 스스로 선택한 한국어 명칭이 있다면 그 명칭을 사용한다.

○ 인명과 지명의 표기가 외국어 또는 외래어인 경우에는 국립국어원에서 지정한 외래어 표기법 및 로마자 표기법의 기준을 따른다.

○ 별명은 대중적인 경우를 제외하고는 쓰지 않는다.

○ 한국과 중국인은 성과 이름을 붙여 쓴다. 외국인의 이름은 한국식 발음이 아닌 현지의 발음으로 쓴다.

:: 예

야코프 루트비히 카를 그림(Jakob Ludwig Carl Grimm)

노구치 히데요(野口英世)

2 동양의 인명, 지명

○ 중국 인명은 과거인은 종전의 한자음대로 표기하고, 현대인은 원칙적으로 중국어 표기법에 따라 표기하되, 필요한 경우 한자를 병기한다.

○ 일본의 인명과 지명은 과거와 현대의 구분 없이 일본어 표기법에 따라 표기하는 것을 원칙으로 하되, 필요한 경우 한자를 병기한다.
○ 중국 및 일본의 지명 가운데 한국 한자음으로 읽는 관용이 있는 것은 이를 그대로 사용한다.

:: 예

공자(孔子), 마오쩌둥(毛澤東), 이토 히로부미(伊藤博文)
東京: 도쿄, 동경; 京都: 교토, 경도
黃河: 황허, 황하

3 서양의 인명, 지명

○ 하이픈(-)이 있는 인명・지명을 한글로 옮길 때는 하이픈을 유지하거나 공백으로 대체하지 않고 하이픈을 빼고 옮긴다. 하이픈으로 연결된 이름과 그것을 쓰지 않고 공백으로 두는 이름이 같이 쓰이면 더 많이 쓰이는 쪽을 따른다. 둘 다 비슷한 비율이면 하이픈을 쓴 쪽을 택하여 옮긴다.
○ 고대 수메르, 이집트 인명을 한글로 옮길 때 하이픈이 쓰이는 경우가 빈번하면 이를 유지한다.
○ 아랍어의 인명, 지명 등에 사용되는 Al, al 등은 모두 붙여 쓴다.

:: 예

Jean-Paul Sartre 장폴 사르트르
Al Jazeera 알자지라

4 바다, 섬, 강, 산 등

○ 바다는 '해(海)'로 통일하고, 우리나라를 제외하고 섬은 모두 '섬'으로 통일한다. '해', '섬', '강', '산' 등이 외래어에 붙을 때에는 띄어 쓰고, 우리말에 붙을 때에는 붙여 쓴다.

○ 일본, 중국 등 한자 사용 지역의 지명이 하나의 한자로 되어 있을 경우, '강', '산', '호', '섬' 등은 붙여 적는다.

:: 예

카리브 해, 발리 섬, 강화도, 남이섬
주장 강(珠江), 도시마 섬(利島)
Rio Grande 리오그란데 강, Monte Rosa 몬테로사 산

제 7 절 원어 표기

1 외래어 표기

○ 외래어는 원칙적으로 국립국어원에서 지정한 외래어 표기법을 따르고 병기는 하지 않는다.

:: 예

컴퓨터 (○), 컴퓨터(computer) (×)

스포츠 (○), 스포츠(sports) (×)

○ 해당 국가의 발음이 아닌 제3국의 발음으로 통용되는 것, 고유 명사가 번역명을 갖고 있고 이것이 통용되는 경우 관용을 따른다. 이미 굳어진 외래어도 관용을 존중한다. 된소리를 쓰지 않는 것을 원칙으로 한다.

:: 예

Ankara 앙카라, Hague 헤이그, Caesar 시저
Black Sea 흑해

○ 번역어이거나 외래어지만 참고를 위하여 영어 등의 표기를 덧붙일 경우에도 본래 언어 표기를 쓴다.

:: 예

에너지(energy)는 물리학에서 '일을 할 수 있는 능력', 즉 '물체에 힘을 가해 그 물체를 힘이 가해진 방향으로 움직이는 능력'을 말한다.
히로시마 현(廣島縣)은 일본 혼슈(本州) 섬 서남부에 있는 현이다.

2 표제어와 복합어

○ 현지 이름이 다르거나 여러 이름이 있는 경우 그것을 밝혀 준다.

:: 예

거스 히딩크(Guus Hiddink, 휘스 히딩크)는 네덜란드의 축구 감독이다.

○ 독립적인 말의 합성으로 이루어진 복합어는 그것을 구성하고 있는 말이 단독으로 쓰일 때의 표기대로 적는다. 원어에서 띄어 쓴 말은 띄어 쓴 대로 한글 표기를 하되 붙여 쓸 수도 있다.

:: 예

Headlight 헤드라이트

Los Alamos 로스 앨러모스, 로스앨러모스

3 도서, 음반, 만화 등의 표기

○ 도서, 음반, 만화, 영화 등과 같은 저작물에 공식적인 한국어 표기가 있으면 해당 표기를 그대로 따른다. 공식 표기라도 사실상 쓰이지 않는 것은 사용하지 않는다. 별도로 통용되는 명칭이 있으면 그것을 사용한다.

:: 예

위키백과 (○), 위키 백과 (×)

제 8 절 수학

1 수식과 숫자

○ 수식의 번호 매김은 절(節), 항(項)의 구분 없이 우측 정렬하여 괄호 속의 일련번호로 표기한다. 세분화된 수식 번호는 (1), (1)′, (1)″, … 등을

사용한다. 단, log, ln, max 등의 기호는 정자체로 표기하고, a/b+c와 같이 혼동되기 쉬운 표현은 (a/b)+c나 a/(b+c)로 명확히 표현한다.

○ 원칙적으로 숫자는 한글로 풀어서 쓰고, 날짜나 연도는 숫자로 쓴다. 왕, 교황 등의 칭호나 대대로 같은 이름을 써온 사람의 이름 뒤의 '세' 앞은 숫자로 쓴다. 기타 일상에서 일부 쓰이는 경우도 숫자로 쓴다.

:: 예

십진법 (○), 10진법 (×)

2005년 (○), 이천오년 (×)

교황 요한 바오로 2세 (○), 교황 요한 바오로 이세 (×)

시내버스 410번 (○), 시내버스 사백십번 (×)

2 공백과 자릿수

○ 자릿수가 많은 숫자는 소수점 앞에 세 자리마다 자리표(,)를 붙이거나, 일정한 자리마다 빈 칸을 둘 수 있다. 소수점 앞에 정수부가 없으면 항상 0을 덧붙인다. 숫자를 소리나는 대로 적을 때에는 만(萬) 단위로 띄어쓰기를 한다. 돈의 액수를 나타내는 단위인 '원'(또는 달러, 위안 등)은 띄어쓰기를 한다. 다만, 아라비아 숫자로 쓸 경우에는 '원'은 붙여 쓴다. 단위성 의존 명사와 숫자가 함께 쓰일 때에도 마찬가지이다.

:: 예

123,456,789, 0.314

12억 3,332만 6,582 = 십이억 삼천삼백삼십이만 육천오백팔십이

오십만 원 = 500,000원

백 개 = 100개

3 수(數)와 측정 단위 — 미터법

○ 통계상 혹은 기술상의 숫자는 아라비아 숫자를 사용한다. 연대 등은 아라비아 숫자 사용을 원칙으로 하나 책의 권(卷), 장(章), 막(幕) 그리고 시의 편(篇: canto) 등은 로마 숫자로 표시한다.

○ 단위 표기는 한글로 풀어 쓰거나 기호를 직접 사용할 수 있으나 복잡한 기호는 가독성을 위하여 풀어 쓰지 않는다.

:: 예

시속 100 킬로미터, 300 톤

4 기가바이트(=4×230)

제 9 절 날짜와 시간

1 연도와 날짜

○ 날짜나 숫자의 범위를 나타낼 때는 붙임표(-) 대신 물결표(~)를 쓴다. 모든 연도, 연대, 세기 문서의 제목은 각각 '-년', '-년대', '-세기'로 끝나고, 이들 접미사 앞에는 공백을 두지 않는다. 기원전 날짜를 다루는 문서에서는 앞에 '기원전'이 붙고 기원전 뒤에는 공백을 넣는다. 여기서 연대는 10년 단위, 세기는 100년 단위를 통칭한다.

:: 예

1980년대, 20세기, 기원전 8세기
피타고라스(기원전 6세기 중반~497년경)

○ 음력에서 윤달은 다음 '예'와 같이 표기한다.

:: 예

음력 윤4월 7일

2 시각과 시간

○ 특정 지역에 국한된 시각은 지역 시간대에 맞춰서 표기하고, 세계적으로 적용될 때 협정 세계시를 쓴다.

제10절 약자 및 기타 표현

○ 로마자 두문자어 표기는 그대로 써 준다. 정식 명칭이 있는 것은 풀어서 쓰고, 정식 명칭이 없거나 모호한 경우는 그대로 써 준다.

:: 예

GM, KBO
유럽연합, 국제원자력기구 등

○ 저자가 자신의 논문이나 저술을 가리킬 때에는 '졸고' 또는 '졸저'라는 용

어를 사용하지 않으며 반드시 이름을 밝혀 적는다.

○ 본문 중에서 인용의 대상을 높이지 않고, '님', '씨', '분' 등 사람 이름 뒤에는 높임말은 쓰지 않는다. 단, 필요한 경우 공식적인 칭호(영국의 '경' 등)는 사용한다.

○ 개인의 혈액형과 몸무게 등은 사적 정보로 특별한 사유가 있을 때가 아니면 사용하지 않고, 개인이나 기관의 전화나 팩스번호도 표기하지 않음을 원칙으로 한다.

CHAPTER 04 표와 그림

제 1 절 표와 그림의 사용

도표(圖表)를 제작, 사용할 경우, 적절한 제목을 붙인다. 원고의 전편을 통하여 <표 1>, <그림 1>과 같이 일련번호를 매긴 후, 제목을 달아 준다. 제목은 도표의 상단, 중앙에 배치한다. 도표가 다른 문헌에서 인용된 것일 경우, 하단에 '자료:'라고 표기한 후 출처를 밝힌다. 원래 표에 수정을 하였으면 그 사실을 언급한다.

○ 도표 전체를 그대로 인용하는 경우 저자, 출판 연도, 해당 페이지 정보를 제공하면 된다. 하지만 저자가 필요에 의하여 원본의 일부를 수정한 경우에는 '재구성', '일부 수정' 등으로 표기하여 그 사실을 밝힌다.

:: 예

'Birkland, T. A. (2005). *An introduction to the policy process: Theories, concepts, and models of public policy making* (2nd ed.). Armonk, NY: M.E. Sharpe, p. 227'에 나오는 'Figure 9.6 The Advocacy Coalition

Framework'을 일부 수정 인용한 경우 다음과 같이 표기한다.

<그림 또는 표 번호> 제목

도표의
위치

자료: Birkland (2005: 227), 'Figure 9.6 The Advocacy Coalition Framework'의 일부 수정.

제 2 절 표(表)

1 표의 사용

표는 주요 논의에 필요한 자료를 요약하는 경우나 통계 분석의 결과를 제시할 때 사용된다. 이러한 표를 작성할 때 가장 염두에 두어야 할 사항은 간결성(conciseness)으로서, 이 원칙은 본문에 사용되는 표는 물론이고, 더 많은 내용을 담는 부록이나 보충 자료의 표에도 적용된다.

2 작성 방법

1) 개괄적 예시

다음은 표 작성의 일반적 방법을 나타낸다.

예시 4-1

일반 표

표 내부에 두 개 이상의 열의 내용을 포괄하는 제목을 붙인다.

열 제목: 표를 구성하는 하나의 열에 해당되는 제목을 붙인다.

<표 1> 두 학교 간 초등학교 저학년의 사교육 현황 비교

	여학생		남학생	
학년	유	무	유	무
초등학교 1				
1	280	240	281	232
2	297	251	290	264
3	301	160	306	221
계	878	651	877	717
초등학교 2				
1	201	189	210	199
2	214	194	236	210
3	221	216	239	213
계	636	599	685	622

주: 표의 내용에 대한 주석은 이곳에 배치한다.

표의 가장 왼쪽 열에 주요 독립변수들을 나열한다.

셀: 각각의 행과 열의 교차점, 해당되는 내용을 적는다.

전체 가로 폭의 내용을 포괄하는 제목을 붙인다.

글자 크기 10.0 pt로 한다.

2) 표의 제목

제목은 간략하면서 명확하게 표현하여, 독자들이 제목을 통하여 해당 표의 기본적 내용을 파악할 수 있도록 한다.

:: 예

'전공별 학생들의 평균 성적' (○)
'대학 전공과 성적 간의 관계' (×)
'물리학, 영문학, 정치학 전공 학생들의 시험A, 시험B, 시험C 평균 성적' (×)

표의 제목으로 '전공별 학생들의 평균 성적'이 내용을 간결하고 분명하게 나타내고 있다는 점에서 적절한 표현이다. '대학 전공과 성적 간의 관계'는 너무 일반적이다. 독자들은 이것만 보고 표에 어떤 데이터가 나타나 있는지 명확하게 알기 어렵다. 반면 '물리학, 영문학, 정치학 전공 학생들의 시험A, 시험B, 시험C 평균 성적'은 지나치게 구체적이다. 이것은 표의 열에 나타날 제목들의 불필요한 반복이다.

3) 행(行)과 열(列)의 제목

해당 행과 열의 제목은 특성을 명확하고 간략하게 규정짓는 단어이어야 한다. 행과 열의 제목은 글자 수가 적은 편이 바람직하다. 축약된 표현이나 기호(No, %), 일반적인 통계 기호(M, SD, $\overline{R^2}$, χ^2) 등 빈번히 사용되는 것은 별다른 설명 없이 사용하여도 괜찮다.

4) 열(列)과 지표

표에서 서로 비교되는 열은 함께 위치하여야 하고, 서로 다른 지표들은 각각 다른 부분으로 구분되어야 한다.

:: 예

| 표 4-1 | 청년층과 노년층에서의 오류 발생 비율

구분	청년층			노년층		
오류 수준	n	M(SD)	95% CL	n	M(SD)	95% CL
상	12	.05(.08)	.02, .11	18	.14(.15)	.08, .22
중	15	.05(.07)	.02, .10	12	.17(.15)	.08, .28
하	16	.11(.10)	.07, .17	14	.26(.21)	.15, .39

5) 표의 각 셀(cell)

① 수치는 십진법의 소수로 표현하되, 소수 자릿수를 동일하게 맞춰 쓰는 것이 좋다

② 공란

가. 행과 열이 교차하는 부분에 해당 값이 없으면 비워 둔다.

:: 예

| 표 4-2 | 우리나라 중앙행정조직의 변천

구분		중앙행정조직의 유형								합계	전체 국가공무원 수 (단위: 명)
		원	부	처	실	청	국	위	기타		
제1공화국	1948.12		11	4				3		18	
	1959. 12	1	12		2	3	1			19	
제2공화국	1960. 12	1	12	1	2	3		3		22	123,037
	1962. 12	2	13	3		3	2	1		24	127,234
제3공화국	1963. 12	2	14	3		6	7		1	33	230,078
	1972. 12	2	14	4		12	7			40	362,396
제4공화국	1973. 12	2	14	4		13	5	1		40	350,745
	1980. 12	2	15	4		15	4	1		42	438,454

자료: 윤주철 · 양지숙 · 전영한 (2011). 조직 개편, 기관 특성, 그리고 정치적 환경: 한국 중앙행정조직의 생존 기간에 관한 실증 분석. 한국행정학보, 45(2), p. 193에서 재구성.

나. 자료의 손실 등으로 셀을 비워 둬야 할 경우에는 '-'와 같은 기호로 표시한다.

다. 상관 행렬표에서 대각선, 즉 자기 자신과의 상관 관계를 나타내는 셀(1.00)은 표시하지 않아도 된다. 또한 대각선에 대하여 대칭인 셀은 동일한 값을 취하므로 대각선의 하단 부문만을 표시한다.

:: 예

| 표 4-3 | 측정 변수의 상관행렬

변수	자기 효능감	자기 조절 학습	학습 동기	내적 통제 소재	교육 내용 유용성
자기 효능감					
자기 조절 학습	.596 (0.107)				
학습 동기	.546 (0.079)	.655 (0.092)			
내적 통제 소재	.432 (0.071)	.525 (0.076)	.543 (0.080)		
교육 내용 유용성	.569 (0.074)	.613 (0.091)	.572 (0.081)	.494 (0.072)	

자료: 강여진(2011). 이러닝 교육의 학습전이 영향 변수 간의 구조적 관계 분석: 경찰 공무원의 인식을 중심으로. 한국행정학보, 45(2), p. 335에서 재구성.

6) 본문에서 표에 대한 언급

본문에서는 사용한 모든 표에 대하여 언급한다. 해당 부분에서 어떤 표를 봐야 하는지 독자들에게 밝힌다. 이때 표의 주요 내용만 간략하게 언급하도록 한다.

○ 표의 모든 내용을 언급할 필요는 없고, 표에 대하여 설명할 때에는 번호도 함께 언급한다.

○ '위 표는', '아래의 표에서 볼 때', '32쪽에 있는 표를 보면' 등으로, 표의

구체적 번호 없이 언급하는 것은 피한다.

∷ 예

<표 8>에서 보듯이, 응답자들의 반응은 그렇게 높지 않은 것으로 나타났다.

7) 표의 주석

(1) 주(註)의 종류

주에는 크게 세 가지 종류가 있다.

① 일반 주(general notes)

일반 주(註)는 축약형 표현, 상징 등 해당 표와 관련된 정보를 제시한다. '주:'라는 표현과 함께 사용한다.

∷ 예

주1: 0.45 이상의 요인은 굵게 표시되었다.

주2: M=match process; N=non-match process

② 개별 주(specific notes)

표의 특정 셀, 행, 열 등과 관련하여 정보를 전달한다. 위 첨자와 함께 사용한다.

∷ 예

[a] n=25.

[b] 이 참가자는 테스트를 끝까지 완료하지 못하였다.

③ 확률 주(probability notes)

통계적 검정의 p값이 특정 유의 수준보다 작다는 것을 나타내는 별표(*)에 대하여 설명할 때 사용하는 주(註)이다. 하나의 학술 원고 내에서는 특정 유의 수준에 동일한 별표(*) 개수를 부여하는 것이 바람직하다. 단 $^{***}p < .001$보다 작은 p값은 사용하지 않는다.

:: 예

$^{*}p < .05$, $^{**}p < .01$, $^{***}p < .001$

(2) 표기 순서

주(註)는 개별 주, 확률 주, 일반 주의 순으로 자료 출처의 윗부분에 달아 주되, 주 사이는 띄지 않는다. 표의 하단에 다음의 순서로 배치한다.

| 표 4-4 | 주(註) 표기의 순서

종류	내용
개별 주	[a] n=25. [b] 이 참가자는 테스트를 끝까지 완료하지 못하였다.
확률 주	$^{*}p < .05$, $^{**}p < .01$, $^{***}p < .001$
일반 주	주1: 0.45 이상의 요인은 굵게 표시되었다. 주2: M=match process; N=non-match process
자료 출처	자료: 인용 자료의 서지 정보를 적어 준다.

예시 4-2

통계표

독립 변수	종속 변수: 부패지수2010											
	1단계			2단계			3단계			4단계		
	B	Beta[a)]	T	B	Beta	T	B	Beta	T	B	Beta	T
Constant	-2.509		-1.602	2.001		1.633	1.578		1.260	.286		.252
민주주의2010	1.138	.700	5.626***	.160	.098	.810	.033	.020	.151	.038	.024	.206
GDP2010				.000	.813	6.714***	.000	.747	5.769***	.000	.515	3.983***
특수주의1994[b)]							.023	.171	1.325	.021	.161	1.453
투명성2010										.499	.337	3.486**
F Value	31.652***			59.507***			41.195***			45.047***		
Adjusted R^2	.474			.775			.780			.838		

[a)] Beta는 standardized coefficients이다.
[b)] Trompenaars (1997: 18, 287)의 보편-특수주의(UNPA) 지수이다.
*p<.05, **p<.01, ***p<.001, 2-tailed tests.
주1: 종속 변수 부패인식 지수는 2010년 TI 부패인식 지수이다. 독립 변수는 문화적 태도 부문의 특수주의 1994년, 나머지 정치 부문의 민주주의, 경제의 GDP, 공직사회의 투명성은 2010년 데이터이다. 민주주의 수준은 Economicst Intelligence Unit(EIU)의 democracy index이다.
주2: EIU 대신 Freedom House의 electoral democracy 지수를 사용한 경우, 계층별 회귀분석 4단계 모두 p<.001에서 유의하였고, Adjusted R square는 각각 .510, .512, .780, .843이었다.
주3: 4단계 N=35이다.

8) 표 작성 시 점검 사항

① 표가 꼭 필요한가?

② 표가 출판될 원고에 포함되어야 하는가? 아니면 요청이 있을 경우 보충 자료로 온라인 링크로 제공할 것인가?

③ 해당 원고에 표들은 연구 주제와 일관성을 갖는가?

④ 표의 제목은 간략하면서도 충분한 설명을 제공하고 있는가?

⑤ 모든 열에 제목을 표기하였는가?

⑥ 축약형, 이탤릭체, 진한 글자체, 특별한 기호 등에 대하여 설명하였는가?

⑦ 표의 주는 개별 주(specific notes), 확률 주(probability notes), 일반 주

(general notes)의 순서로 사용되었는가?

⑧ 통계적 유의미성에 대한 검증이 이루어진 경우, 유의 수준은 올바르게 표시되었는가?

⑨ 다른 문헌으로부터 표를 인용하면서 연구 주제에 맞게 수정하였을 경우, 출처와 수정 사실을 명기하였는가?

⑩ 원고의 본문에서 표에 대하여 언급하였는가?

제 3 절 그림

1 그림의 사용

학술 원고에 사용되는 그림의 종류는 다양하지만, 그림의 사용 시 그 종류와 무관하게 다음과 같은 원칙을 고려한다.

첫째, 연구의 맥락에 비추어 그림 사용의 가치가 충분하여야 한다. 즉 그림이 원고의 내용을 이해하는 데 큰 도움을 주거나 원고의 다른 설명들을 대신할 수 있어야 한다.

둘째, 그림이 해당 정보를 제시하는 데 최선의 방법이어야 한다. 만약 그림보다 표가 특정 정보를 더 잘 전달할 수 있다면 그림을 삽입할 필요가 없다.

셋째, 그림은 그 하나만 보고도 독자가 해당 정보를 이해할 수 있어야 한다. 따라서 그림의 제목을 명확하고 간결하게 표현하는 것이 중요하다.

넷째, 표와 마찬가지로 그림 역시 인쇄되는 원고에 포함될 것인지 아니면 요청이 있을 경우 보충 자료로 온라인상으로 제공할 것인지를 결정하여야 한다.

2 그림의 유형

일반적으로 가장 많이 사용되는 그림의 유형은 다음과 같다. 하지만 필요할 경우 이외의 다양한 유형의 그림을 사용할 수 있다.

1) 그래프(graph)

두 개의 양적 지표 사이의 관계를 나타낼 때 사용되며, x축과 y축으로 구성된다.

예시 4-3

그래프

제목 글꼴을 '바탕', 속성은 '보통', 크기는 11.0 pt로 한다. → <그림 2> 민 · 관 보수 격차 추이

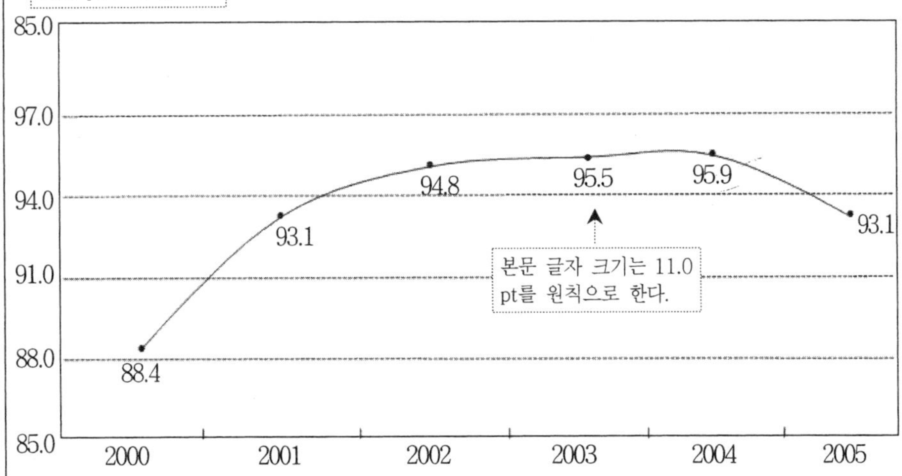

자료: 중앙인사위원회 (2005), p. 35. ← 도표 주(註)의 글자 크기는 10.0 pt로 한다.

자료: 김태일 · 한경희 (2008). 1990년대 말-2000년대 전반의 공무원과 민간기업 종사자의 직무 만족도 변화 비교. 한국행정학보, 42(3), p. 302.

2) 차트(chart)

양적 지표가 아닌 정보들, 예를 들어 특정 절차나 대상들의 변화 추이 등을 나타낼 때 사용된다. 작업 흐름도(flow chart)도 그러한 한 가지 예이다.

- ○ 도표를 PDF 파일이나 스캔으로 얻은 것, 인터넷 등으로부터 원본 그대로를 다운받아 사용하는 경우에는 원래의 컬러, 모양, 글자체의 속성이나 글꼴, 크기 등을 바꾸기 어려울 수 있다. 특히 도표가 정교하게 작도되어 여기서 제시하는 출판 양식의 기준을 적용하고자 하면 변형이 일어나는 경우 원본을 그대로 사용한다.

3) 지도(map)

공간적 정보를 나타낼 때 사용된다.

4) 기타

사진(photograph), 드로잉(drawing) 등이 있다.

:: 예 1

〈그림 1〉 이론적 분석틀: 소비자거래비용과 거래비용 결정 요인의 관계

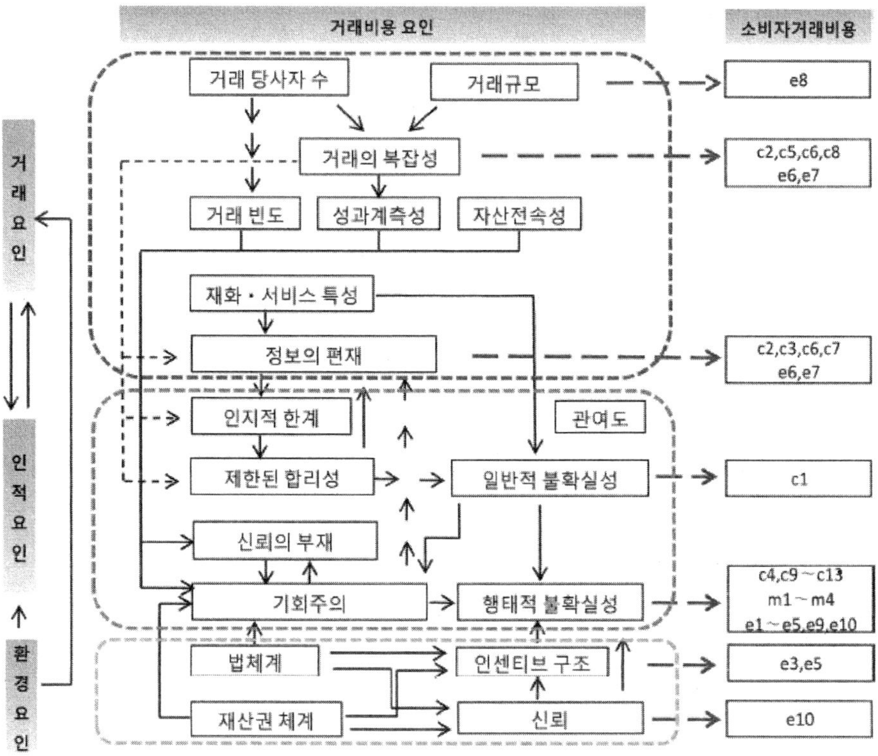

자료: Coase (1937), Arrow (1969), Willamson (1975: 1985), North (1990), Griesinger (1990), Dahlstorm & Nygaard (1999), Saleh (2004), Fukuyame (1995), Ostrom (1990), Simon (1961), Casson (1990), Ouchi (1980) 등의 이론을 토대로 재구성.

자료: 지광석·김태윤 (2011). 소비자 문제의 본질과 정책적 함의: 거래비용이론에 입각한 유형화를 토대로. 한국행정학보, 45(2), p. 67.

:: 예 2

〈그림 2〉 네트워크 텍스트의 클러스터 지도

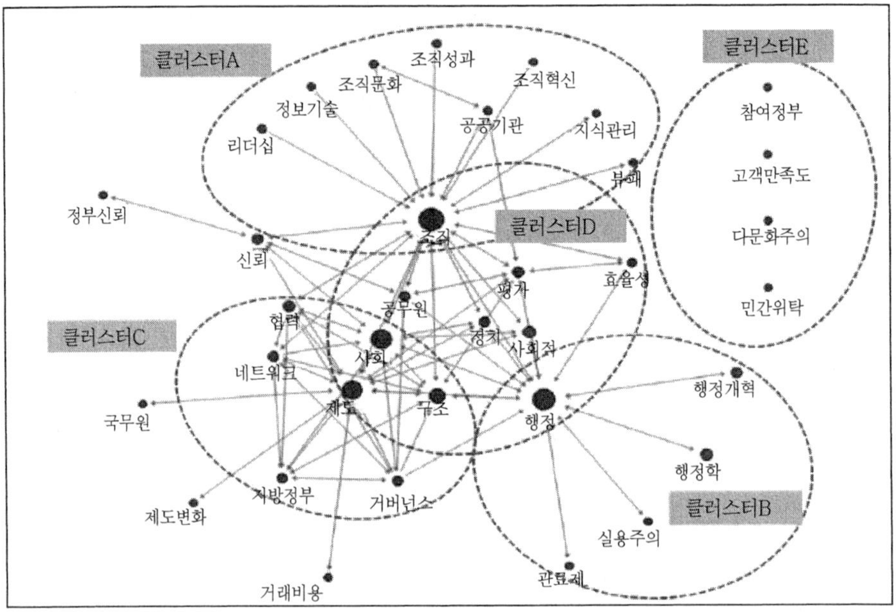

자료: 최영출 · 박수정(2011). 한국 행정학의 연구 경향 분석: 네트워크 텍스트 분석방법의 적용. 한국행정학보, 45(1), p. 134.

∷ 예 3

〈그림 3〉 이동 · 서독 관료 아비투스 이해를 위한 분석틀

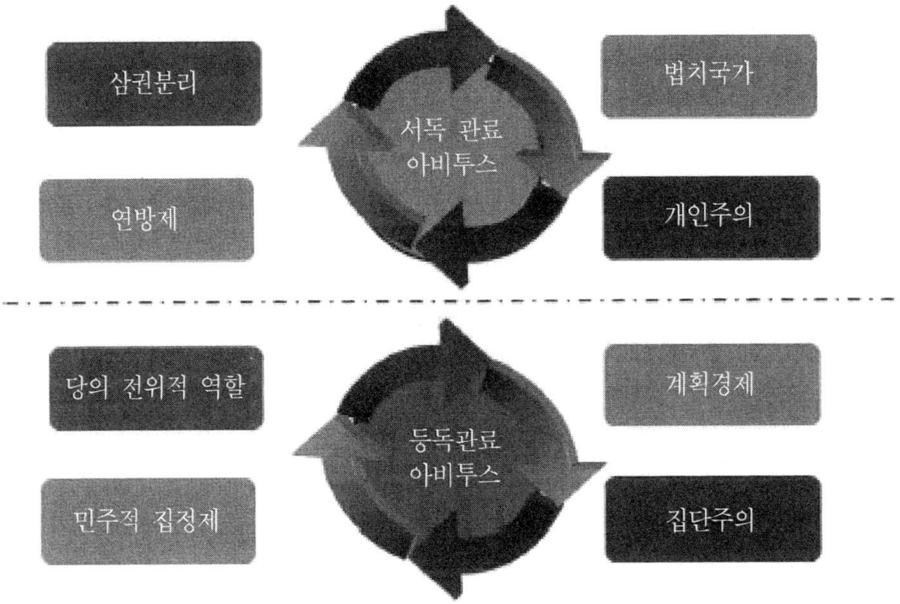

자료: 안지호(2011). 동 · 서독 행정 비교연구 서설: 부르디외의 아비투스와 장(場) 개념을 중심으로. 한국행정학보, 45(2), p. 155.

예시 4-4

그림

<그림 1> 연구의 접근 방법

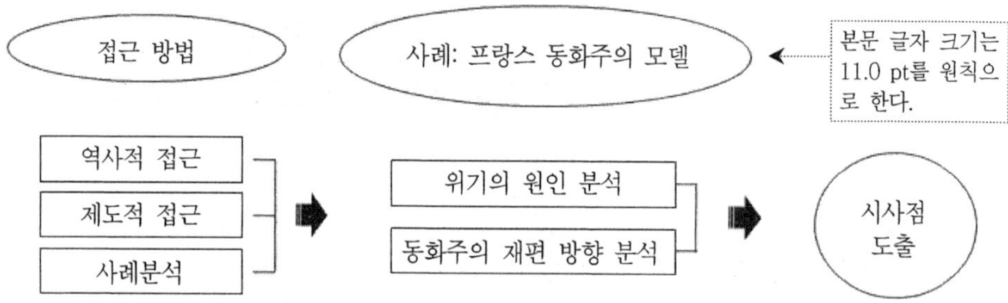

자료: 한승준(2008). 프랑스 동화주의 다문화 정책의 위기와 재편에 관한 연구. 한국행정학보, 42(3), p.466.

'자료' 글자 크기는 10.0 pt로 한다.

글꼴은 '돋움'으로 한다.

3 좋은 그림의 조건

① 그림의 사용 목적이 명확하여야 한다.
② 본문의 내용을 반복(duplicate)하기보다는 확장(augment)시켜야 한다.
③ 필요한 내용만 전달하여야 한다.
④ 시각적으로 혼란을 야기하거나 집중을 방해하는 부분은 제거한다.
⑤ 쉽게 읽을 수 있어야 한다. 그림의 선, 글자, 제목, 기호 등을 독자가 읽기 용이하도록 충분한 크기로 나타내야 한다. 그림의 모든 구성 요소 또한 쉽게 식별될 수 있도록 충분히 커야 한다.
⑥ 쉽게 이해될 수 있어야 한다.
⑦ 하나의 학술 원고 내에 사용된 그림들은 비슷한 스타일을 사용하고 서로 일관성이 있어야 한다.

4 범례(legend)

○ 그림에 사용된 기호를 설명하는 부분이며, 그림 안에 위치한다. 범례는 그림의 내용이 잘 드러날 수 있도록 작성되어야 한다.

:: 예

'실험1에서 처리1을 하기 전과 후 사이의 지속 시간 및 변화 과정' (○)
'지속 시간' (×)

범례의 제목으로 '지속 시간'은 지나치게 간단하여 부적절하다. 전자가 그림에 대한 충분한 설명을 제공하고 있어 적절하다.

○ 다른 문헌에서 인용하거나 변형시킨 그림의 경우, 출처가 반드시 언급되어야 한다.

○ 다음은 범례 작성에서 주의할 점이다.

가. 그림에 사용된 모든 축약형 표현, 기호, 측정 단위 등을 범례에서 모두 설명하여야 한다.

나. 통계적으로 유의미한 값이 그림에 포함되어 있을 경우, 범례에 그 확률값을 표시한다.

다. 그림 내부, 정확히는 그림의 테두리 안쪽에 둔다.

:: 예

〈그림 3〉 부자 감세 '진단' 프레임

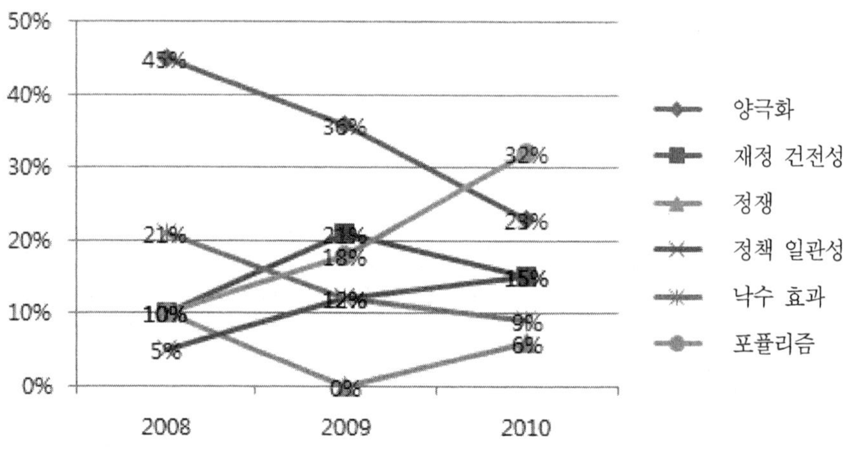

자료: 강국진 · 김성해(2011). 정치화된 정책과 정책의 담론화: '부자 감세' 담론의 역사성과 정치성. 한국행정학보, 45(2), p. 230.

5 학술지 원고의 그림 준비

학술지 원고에 삽입되는 그림은 전문적 그래픽 소프트웨어를 통하여 만들어져야 한다. 3차원 그림은 평면에서 내용 파악이 어려운 경우가 많기 때문에 사용하지 않는 것이 바람직하다.

1) 그림 구성 요소들의 크기와 비율

그림의 모든 구성 요소는 읽기 쉽도록 충분히 크고 명확하여야 한다. 또한 하나의 그림에는 동일한 글자 크기, 동일한 글씨체를 사용하는 것이 좋다. 글자들은 적당한 간격을 두고 배치한다.

2) 글자의 크기

중요한 내용은 다른 글자들과는 다르게 굵은 글씨로 처리한다.

:: 예

〈그림 2〉 후행 연구에서 근거이론적 방법의 활용

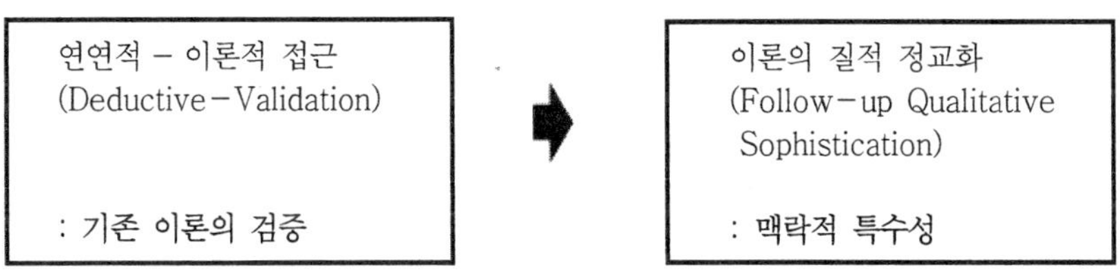

자료: 권향원 · 최도림(2011). 근거이론적 방법의 이론화 논리에 대한 이해: 한국 행정학의 비맥락성과 방법론적 편향성 문제를 중심으로. 한국행정학보, 45(1), p. 293.

3) 음영 처리

음영 효과는 그림을 명확하고 깔끔하게 보이는 효과가 있다. 하지만 하나의 그림에서 지나치게 많은 음영 효과를 주는 것은 바람직하지 않다. 음영 처리를 하는 부분이 3개 이상이라면 그림보다 표가 더 나을 수 있다.

4) 기타

가. 그림 간에 중요성이 동일할 경우 동일한 크기로 제시한다.

:: 예

〈그림 4〉 정치적 · 조직적 특성이 중앙행정조직의 생존율에 미치는 영향

i) 대통령 교체 여부 / ii) 민주화 여부

대통령 교체에 따른 기관 생존율 변화 / 민주화에 따른 기관 생존율 변화

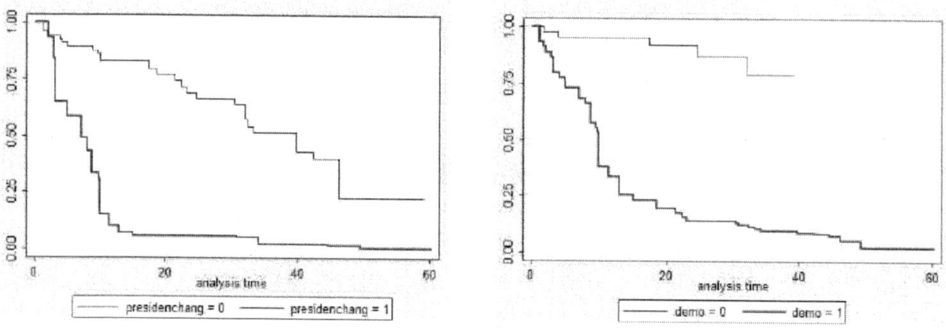

자료: 윤주철 · 양지숙 · 전영한(2011). 조직개편, 기관 특성, 그리고 정치적 환경: 한국 중앙행정조직의 생존기간에 관한 실증 분석. **한국행정학보**, 45(2), p. 204.

나. 비슷한 그림은 비교가 용이하도록 함께 제시하는 것이 좋다. 예를 들어, 하나의 그림이 다른 그림 바로 위에 위치하고 두 개의 그림은 마치 한 개의 그림인 것처럼 표현하는 것이 바람직하다.

:: 예

〈그림 2〉 기후 변화 요소(climate factor)와 비기후 변화 요소(non-climate factor)에 따르는 기후 변화 적응대책

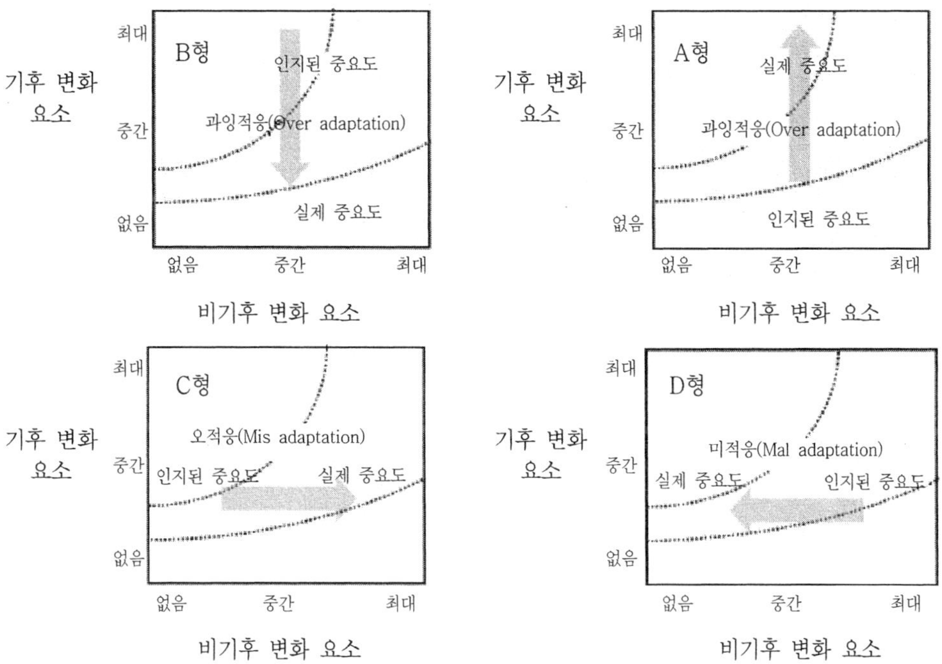

자료: 최충익(2011). 지방자치단체 기후 변화 적응정책의 의사결정 과정과 함의. 한국행정학보, 45(1), p. 261.

6 그림 이용 시 점검 사항

① 그림이 꼭 필요한가?
② 그림이 단순하고 명확하며, 관련된 정보만 전달하고 있는가?
③ 그림의 제목은 그림의 내용을 충분히 설명하고 있는가?
④ 그림의 모든 구성 요소는 명확하게 규정되고 있는가?
⑤ 동등하게 중요한 가치를 갖는 그림들은 동일한 크기로 제시되고 있는가?
⑥ 모든 그림이 순서대로 번호가 매겨져 있는가?
⑦ 그림에 대하여 본문에서 언급하고 있는가?
⑧ 기존 문헌에서 인용한 그림의 경우 출처를 명확히 밝히고 있는가?
⑨ 학술지에서 일반적으로 사용하는 파일 형식을 사용하였는가?

The KAPA Publication Manual

CHAPTER 05

출처 표기

제 1 절 출처 표기의 방식과 원칙

1 표기 방식과 기준

1) 의의

출처 표기의 의의는 몇 가지로 정리할 수 있다. 첫째, 특정 사안에 대하여 여러 가지 주장이나 견해가 혼재할 때 이들을 비교, 정리함으로써 연구 가설 또는 연구 문제를 도출하는 단초를 마련할 수 있다. 둘째, 타인과 자기 견해의 동일점과 차이점을 명확히 함으로써 자기가 주장하고자 하는 내용의 근거로 삼을 수 있다. 셋째, 일반적으로 널리 받아들여지고 있는 학설, 연구 결과 등을 제시하여 자기 논리의 정당성을 보강할 수 있다.

2) 표기 방식

저서나 논문에서 참고한 자료들은 출처를 보통은 두 가지 유형으로 표기한다. 첫째는 본문 중에서 인용문이나 주(註)의 형식으로 제시한다. 둘째, 본문에서 인용한 모든 자료를 참고 문헌으로 제시한다. 학술적 저작물에서는 두 가지 방식의 병행이 일반으로, 이것을 원칙으로 한다.

3) 원칙

문헌 인용 및 출처의 표기는 다음과 같이 한다.
① 저자와 출처를 명확하고 상세하게 밝힌다.
② 원문에 충실하고, 해당 부분은 인용 표기를 한다.
③ 인용 시 원저자의 뜻이 왜곡되지 않도록 관련 내용을 충실히 인용한다.
④ 인용문이 3줄 이내일 때 인용 부호를 이용하여 본문 안에 넣을 수 있다.
⑤ 외국인 저자는 원어 표기가 원칙이다.

2 본문 주의 유형

1) 참고 주(參考註)

참고 주(references notes)는 문헌을 인용하거나 참고한 자료의 출처를 밝히는 것으로, 본문 중에 괄호를 사용하여 제시하고, 그 자료의 내역을 정리한 참고 문헌(reference list)을 책이나 논문의 끝부분에 첨부한다.

2) 각주(脚註)

○ 각주(脚註: footnotes) 사용을 원칙으로 한다. 본문의 내용에 대한 설명을 부연하기 위한 내용 각주(content footnotes)는 해당 부분의 오른쪽 위에 책의 장이나 절, 또는 논문의 전편을 통하여 일련번호를 매기고, 페이지 하단에 각주로 처리한다. 후주(後註: endnotes)는 사용하지 않는다.

○ 각주는 본문의 서술에서 특별한 용어나 사실에 대하여 본문에 서술하는 것이 적합하지 않을 경우 부가적으로 설명하거나, 대립이나 상반되는 문제 중에 하나의 견해만을 본문에서 논하게 될 때 그 상반되는 견해와 출처를 밝히는 기능을 한다. 본문에 대한 추가적인 설명이나 관련된 논의의 소개가 꼭 필요한 경우에 한하여 가능한 한 짧게 한다.
○ 5행(200자 원고지 1장)을 초과하는 경우 본문 속에 편입시킨다.

:: 예

… 전반적으로 보면 공공부문 갈등관리와 관련된 국외 선행연구는 전체 갈등관리 분야 연구에서 상대적으로 비중이 작다고 할 수 있다. 그 이유로는 갈등관리 분야[2]의 연구자가 미국에 집중되어 있고 갈등관리의 연구 내용[3]이 개인 간(interpersonal) 또는 집단 간(intergroup)의 갈등관리 문제에 치중되어 있기 때문이다(Posthuma, 2005).

---

2) Posthuma (2005)가 *International Journal of Conflict Management*(IJCM)에 게재된 논문의 특성을 분석할 결과, *IJCM*에 게재된 전체 263개 논문의 저자(연구자)의 국적은, 미국이 190명(64.6%)으로 가장 많고, 그 다음으로 네덜란드 16명(5.4%) …
3) Posthuma (2005)에 따르면 갈등관리의 연구는 조직 내 갈등이나 집단 갈등에 집중되어 있다. IJCM에서 발행된 논문들이 …

3 참고 문헌

참고 문헌(bibliography)은 본문과 각주에서 언급된 모든 문헌의 리스트로, 논문 말미에 둔다. 연구자는 여기서 자신이 인용한 문헌들에 대한 자세한 서지 정보를 제시한다. 본문과 각주에서 언급되지 않은 문헌은 포함시키지 않는다. 참고 문헌은 다음과 같은 방법으로 작성한다.

첫째, 참고 문헌은 저자, 출판 연도, 제목, 기타 서지 정보의 순서로 기재한다.

둘째, 국내 문헌, 해외 문헌의 순서로 나열하고, 둘 사이는 줄을 띄지 않는다. 해외 문헌은 로마자 표기, 기타 언어(일본어, 중국어, 러시아어, 그리스어, 아랍어 등) 문헌순으로 배치하며 한글 저자명은 가나다, 로마자 저자명은 알파벳, 기타 언어 저자명은 발음을 괄호 안에 부기하고 이를 가나다순으로 배열한다.

셋째, 같은 저자의 여러 문헌은 출판 연도가 이른 순서대로 배치한다. 만일 같은 해에 발행된 문헌이 둘 이상일 경우에는 발행 연도 뒤에 a, b, c, … 를 첨가하여 구분한다.

넷째, 저자가 2인 이상일 때 참고 문헌에서는 모든 저자의 이름을 기재한다.

다섯째, 문단 모형은 '왼쪽 정렬'을 원칙으로 한다.

제 2 절 저서

1 원칙

저서를 인용할 때에는 다음 원칙을 준수하여 표기한다.

첫째, 한국 및 동양 단행본의 표기는 저자 이름, 출판 연도, 저서의 제목, 출판지, 출판사명의 순서를 따른다. 단행본에 포함되어 있는 국문 및 동양어 글은 저자 이름, 출판 연도, 글의 제목, 단행본 편저자 이름, 책 제목 (pp. 해당 페이지), 출판지 및 출판사명의 순서로 기입한다.

둘째, 저자가 복수일 때는 가운뎃점(·)을 이용한다. 단행본 제목은 글꼴 '돋움'으로 표기한다.

셋째, 국문과 동양어 참고 문헌 작성은 모두 마침표로 마친다.

넷째, 외국 문헌의 경우, 단행본 기입 순서는 저자 이름, 출판 연도, 문헌 제목, 출판지, 출판사이다.

다섯째, 외국 저서에 실린 논문일 때는 저자 이름, 출판 연도, 논문 제목, 편저자 이름, 단행본 제목 (pp. 해당 페이지), 출판 도시와 주(州), 출판사를 기입한다. 편저자 앞에는 'In'을 부기한다,

여섯째, 외국 저자 이름은 성(famiy name)은 그대로 적고, 이름은 머리글자만 적는 것을 원칙으로 한다. 예를 들어, *New Public Administration* (University, AL: University of Alabama Press, 1980)의 저자 H. George Frederickson은 Frederickson, H. G.로 적는다. 이때 이름의 첫글자는 서로 띄워서 표기한다. 하지만 원 저작물에 이름이 전부(full name) 표기된 경우, 그대로 적을 수 있다.

일곱째, 복수 저자일 때는 마지막 저자 앞에 ', &'를 쓰고 다른 경우는 모두 쉼표로 연결한다. 편저임을 밝힐 때는 괄호로 묶어 편저자가 한 사람일 때 (Ed.), 복수일 때 (Eds.)라고 저자 정보 뒤에 한 칸 띄워서 적는다.

여덟째, 영문 단행본의 제목은 기울임체를 사용한다.

2 본문에서의 인용 방법

1) 직접 및 간접 인용

저서를 본문 중에 인용하는 경우, 제3장 제4절의 문장 표현, 문헌 인용 설명에서 제시된 직접 및 간접 인용 원칙을 준수한다.

가. 직접 인용

직접 인용은 다른 연구자가 쓴 글의 자구(字句)는 물론, 철자와 구두점까지 원문 그대로 가져오는 방법으로, 이러한 인용은 가급적 피하는 것이 좋지만, 다음과 같은 경우에는 허용된다.

첫째, 원문의 표현을 빌리지 않고는 다른 적절한 표현을 찾을 수 없을 때이다.

둘째, 원문을 그대로 사용하지 않는다면 독자가 그 의미를 곡해(曲解)할 염려가 있는 경우이다.

셋째, 자신의 견해와 대조되는 것을 부각시키고자 할 때 등이다.

:: 예 1

… 처방적 성격은 "행정학의 발전 동인은 여러 가지가 있지만 가장 큰 요인은 근대화의 도구로 사용되어 왔다는 사실, 즉 미국에서 행정학을 도입한 이유가 처음부터 근대화를 위한 기술적 도구로 사용하기 위해서였다" (백완기, 2005: 20)는 내용과 관련이 있다.

:: 예 2

O'Toole (1997: 49)은 네트워크 퍼포먼스 또는 효과성(network performance or effectiveness)을 "통합성, 외부 통제, 안정성, 그리고 환경적 자원의 정도와 형태"라고 규정하고, 네트워크의 구조적 특성을 성과와 연계된 개념으로 정의한다.

:: 예 3

이승종 (2005)은 비록 투표에서 사회 경제적 지위에 따른 불평등은 관찰할 수 없었지만 비투표 참여에서는 유의미한 불평등이 존재했다면서, 이러한 참여 불평등에 따른 문제를 다음과 같이 지적한다.

> 참여 불평등으로 인한 정책 불평등은 기왕의 사회 내 불평등 구조의 악화 요인으로 작용하다는 점도 인식되어야 한다.
>
> … … …
>
> 사회 경제적 지위의 격차는 참여 불평등을 낳고 이는 다시 사회 내 불평등 구조를 악화시키는 악순환이 지속될 우려가 있다. 이러한 상황 하에서는 절차적 민주주의의 확대가 자칫 실질적 민주주의를 해치게 되는 모순이 배태될 공산이 크다는 것도 지적되어야 한다 (p. 227).

나. 간접 인용

간접 인용은 다른 사람의 글을 원문 그대로 인용하지 않고 연구자가 자신의 글 속에 편입하여 자신의 말로 바꾸어서 사용하는 것으로, 연구자는 원(原) 저자의 의도를 정확히 파악한 후 인용하여야 한다. 또 핵심 내용을 인용할 경우, 문장의 끝이 아니라 해당 부분에서 그 출처를 밝힌다.

:: 예

Heald (2006b: 59)는 투명성을 가리켜 본원적 목표 달성에 기여하는 도구적 가치라고 말한다.

이종수 · 윤영진 외 (2008: 198)는 의사결정을 하는 과정에서 가치 갈등의 상황에 직면할 경우, 최종적 판단을 위한 세 가지 방법을 제시한다.

2) 인용문에 저자명이 포함된 경우

(1) 저자 1인의 단독 연구

저자의 이름이 본문의 일부로 표기되는 경우에는 출판 연도만 소괄호 속에 인용한다. 그렇지 않으면, 저자명과 출판 연도를 쉼표로 분리하여 소괄호 안에 기입한다.

:: 예 1

전체 인용은 자료 전체를 인용하는 것이며, 부분 인용은 자료의 일부를 인용하는 것으로, 먼저 전체 인용의 경우는 다음과 같다.

최병선 (2002)에 따르면 정부가 개입하지 않더라도 이해 당사자 간의 협상을 통하여 시장에서 문제가 바람직스럽게 해결될 수 있다는 것이다.

La Ferrara (2002)가 주장하듯이 소득 불평등 정도는 결사체 가입 요건에 제한이 있는지에 따라 결사체 참여에 미치는 영향이 다를 수 있다.

:: 예 2

부분 인용의 경우는 다음과 같다.

박천오 (2007: 239)는 조직 개편을 … 으로 한정하고 있다.

Selznick (1957: 151)은 리더가 부하들의 일상적 행동을 어떻게 조직 전체의 목적에 합치되도록 할 것인가를 "사회적 통합 신화의 고안(the elaboration of socially integrating myths)"으로 설명한다.

:: 예 3

다음은 문장 끝 인용의 예이다.

행정 분야에 고유한 공공서비스 가치(public service values)가 있다는데 대한 관심이 증가되어 왔다 (Bozeman, 2007).

가치중립적, 과학적인 행정 분야(value-neutral, 'scientific' field of public administration)가 미국에서 20세기 초 주로 남성 공직자들에 의하여 수립된 것이라면, 사회복지사업(social work)이라는 규범적 분야의 출현은 주로 여성 개혁가들(female reformers)의 활동에 의한 것이었다 (Stivers, 2000: 1-7).

:: 예 4

재인용은 다음과 같이 한다.

Coase (1974)에 따르면 "이처럼 등대 서비스의 이용료를 부과하였던 시기가 일반 조세로 등대의 재정을 충당한 시기보다 항해자의 필요에 더 잘 맞는 서비스를 제공하였다"는 것이다(최병선, 2006: 348에서 재인용).

(2) 다수 저자의 단일 연구

- 3인 이내 공저일 때 항상 본문에 공저자를 기재한다. 4인 공저의 경우에는 첫 번째 인용에서는 전체 공저자를 모두 밝히고, 두 번째 인용부터는 주(主)저자만 기재한다. 5인 이상의 공저는 처음부터 주저자만 밝힌다(제3장 제4절 참조).
- 외국 문헌에서 저자가 두 명일 때, 저자 이름 사이를 본문 문장 중에서는 'and'로, 문장 끝 괄호 속에서는 '&'로 연결한다. 세 명 이상의 저자일 때에는 본문 문장 중에서는 맨 끝 저자 앞에 ', and'를, 괄호 속에서는 ', &'를 사용한다.

:: 예 1

일반적 인용:

… 처벌을 두려워해서라기보다는 이 경우 야기될 각종의 문제들, 예를 들면 기업의 사회적 평판의 훼손, 소송 등에 대한 두려움 등이라고 한다(Bardach & Kagan, 2002: 58-66; 김영평 · 최병선 · 신도철, 2006: 118-127).

Corbin and Strauss (2008)의 근거이론(grounded theory) 방법에 대한 기술에 따르면, 연구자는 개방적 코딩 절차(open-coding procedure)를 이용하

여 데이터로부터 도출될 수 있는 개념들의 범위를 확인하게 된다.

∷ 예 2

첫 번째 인용:

김영평 · 최병선 · 신도철 (2006)은 이 점에 대하여 동일한 견해를 나타낸다.

Zadek, Hojensgard, and Raynard (2001)는 CSR을 국가의 정치 권력이 기업과 같은 다른 행위자들에 의하여 점차 부식(腐蝕)되는 상황에서 기업이 사회에 대한 좀 더 큰 책임을 떠맡으면서 주목받게 된 것으로 이해한다.

두 번째 인용:

김영평 · 최병선 · 신도철 (2006)이 적절히 지적하듯이, …

CSR은 거버넌스 메커니즘을 만들어 내기 위한 기업, 정부, 시민사회 간 협력의 새로운 방법으로, … (Zadek, Hojensgard, & Raynard, 2001).

∷ 예 3

'Lozano, Albareda, Ysa, Roscher, & Marcuccio (2005). *Los gobiernosy la responsabilidad social de las empresas*. Barcelona: Granica'를 인용하는 경우,

첫 번째 인용:

CSR 정책은 기업의 자발적 행동을 유발하기 위한 정부의 연성적 간섭의 방법을 사용하여야 한다 (Lozano et al., 2005).

두 번째 인용:

영국, 이탈리아, 노르웨이 CSR 정책 간의 비교는 CSR 촉진을 위한 정부의 세 가지 다른 역할을 보여 준다 (Lozano et al., 2005).

(3) 저자가 단체인 경우

저자명으로 기입되는 단체명(예: 학회, 정부기관, 회사 등)은 보통 인용될 때마다 전체 이름을 풀어서 기입하는 것이 원칙이다. 만일, 단체 이름이 다소 길어서 전체 표기가 어렵고 약자가 더 친숙하고 참고 문헌에서 확인하기가 쉬운 경우, 처음에 인용할 때만 단체명을 완전히 기입하고 두 번째부터는 약자를 쓸 수 있다.

:: 예

첫 번째 인용:

한국전산원(이하 전산원) (2002a: 51)은 이와 같은 미래 환경 변화에 대비하여 … 을 할 계획임을 밝혔다.

두 번째 인용:

전산원 (2002a: 14)은 …

3) 인용문에 저자명이 포함되지 않는 경우

법령과 판례 등 법률 자료의 경우, 본문에서 인용할 때 첫 번째 단어와 연도로만 나타낸다. 저자가 없는 저작물을 인용할 경우에는 저자명 대신 참고 문헌에 수록된 제목과 연도를 적는다.

:: 예

기획재정부의 소속 기관과 관련하여 정부조직법 (2008)에서는 …

4) 한 저자의 두 개 이상의 저작물을 인용한 경우

동일한 해의 자료는 연도에 a, b를 표시하여 구분한다.

:: 예

종합부동산세 대상자 중에서도 상위 계층에 종합부동세 부담이 집중되어 있음을 알 수 있다(국세청, 2009a, 2009b).

행정안전부 보도 자료 (2009a, 2009b)에 나타나고 있듯이, 정부는 비수도권 자치단체를 지원하는 지역상생발전기금을 설치하였다.

… 기업에서 자주 쓰이는 용어인 eCRM에 대한 정부의 관심이 높아지고 있다(한국전산원, 2002a: 7).

… 와의 연계를 통한 행정관리 업무의 효율성이 증대될 전망이다(한국전산원, 2002b: 50).

5) 블록 인용

블록 인용(block quotation)에서는 인용 부호 없이 기재하고, 인용문의 끝에 페이지 정보를 제공한다. 글자 크기는 10.0 pt, 문단 모양은 왼쪽, 오른쪽 여백을 각각 30.0 pt를 두고, 줄 간격은 130%로 한다.

:: 예

노화준 (2001)은 정책평가 결과의 낮은 활용의 원인을 활용의 유형 측면에서 설명하고 있다.

> 우리가 정책평가의 결과가 널리 활용되고 있지 못하고 있다고 할 때에는 이들 평가의 결과가 수단적 활용의 목적으로 활용되지 못하고 있다는 것을 의미하는 것이 일반적이다. 실제로 대부분의 평가들은 수단적 활용을 위하여 시작되고 있으며, 또 앞으로 평가가 활발히 이루어질 것이냐의 여부도 바로 수단적 활용이 얼마나 극대화될 수 있느냐 하는 것에 크게 의존된다고 보아도 지나치지는 않을 것이다(p. 413).

6) 기타 인용 방식

(1) 동일한 소괄호 내의 2편 이상의 저작물

동일 저자에 의하여 작성된 두 편 이상의 저작물들은 연도순으로 배열하되, 최신의 참고 문헌이 뒤로 가게 한다. 저자의 이름은 한 차례 제시하고, 그 이후에는 각 저작물의 연도만 제시한다.

:: 예

… 반면 선행 연구들 (Evensky, 2005; Force, 2003; Sen, 1988, 1991)은 애덤 스미스가 '이기심'을 강조한 적이 없다고 말한다.

종합부동산세 대상자 중에서도 상위 계층에 종합부동세 부담이 집중되어 있음을 알 수 있다(국세청, 2009, 2010).

(2) 고전적 저작물

매우 오래된 저서는 번역된 날짜를 사용하고 앞에 역(譯, trans)이라고 적어 준다.

:: 예

(경국대전 역, 1987)
(Aristotle trans, 1985)

(3) 출처의 특정 부분

본문에서 다른 저서의 특정한 부분을 인용한 경우, 해당 페이지, 장(章) 등을 명시한다. 장(章, chapter)은 약자로 표시한다.

:: 예

(현승숙 · 금현섭, 2011: 159)

(Daft, 2009. ch.3)

3 참고 문헌 예시

1) 단독 저서 및 공저

(1) 단독 저서

저서는 저자 이름, 출판 연도, 제목, 출판 정보의 순으로 적고, 동일 저자의 저서가 여러 권이라면 출판 연도가 빠른 것부터 제시한다.

:: 예

남궁근 (2008). 정책학: 이론과 경험적 연구. 서울: 법문사.

남궁근 (2010). 행정조사방법론(제4판). 서울: 법문사.

백완기 (2005). 한국행정학 50년 - 문헌 검토를 중심으로. 서울: 나남출판.

정인흥 (1955). 행정학. 서울: 제일문화사.

행정자치부 (2007). 똑똑똑 좋은 세상 노크하기. 서울: 삶과꿈.

Hobbs, H. H. (1994). *City hall goes abroad: The foreign policy of local politics*. London, UK: Sage Publications.

Riggs, F. W. (1964). *Administration in developing countries: The theory of prismatic society*. Boston, MA: Houghton Miffin.

(2) 2인 공저

저자 이름과 이름은 가운뎃점(·)으로 구분하고, 나머지는 단독 저서의 경우와 같이 적는다.

:: 예

유민봉 · 임도빈 (2007). 인사행정론. 서울: 박영사.

Denhardt, R. B., & Denhardt, J. V. (2008). *Public administration: An action orientation* (6th ed.). Belmont, CA: Thomson Wadsworth.

Sahni, P., & Vayunandan, E. (2010). *Administrative theory*. New Delhi: Prentice-Hall of India.

(3) 3인 이상 공저

본문과 각주에서는 "○○○ 외"로 표시하지만, 참고 문헌에서는 공동 저자 모두의 이름을 적어 준다. 단, 처음부터 책 표지나 안장에 "○○○ 외"라고 되어 있는 경우에는 그대로 표기한다.

:: 예

김병섭 · 박광국 · 조경호 (2008). 휴먼조직론. 서울: 대영문화사.

김석준 외 (2002). 거버넌스의 이해. 서울: 대영문화사.

박천오 · 강제상 · 권경득 · 조경호 · 조성한 (2010). 현대인사행정론(제2판). 서울: 법문사.

윤건수 · 소영신 · 심동환 · 이종범 외 (2000). 딜레마와 행정. 서울: 나남출판.

Rosenbloom, D. H., Kravchuk, R. S., & Clerkin, R. M. (2008). *Public administration: Understanding management, politics, and law in the public sector* (7th ed.). New York: McGraw Hill.

2) 편저

(1) 단순 편저

국문 편저는 저자명 다음에 '(편)', 영문 편저는 저자명 다음에 단독 편저일 때 (Ed.), 편저자가 복수일 때 (Eds.)라고 표기하여 구분한다. 나머지는 단독 저서의 경우와 같다. 인용 저서에 발행처, 인쇄소명만 나오고, 출판사명이 없는 경우에는 표기하지 않는다.

:: 예

한국행정학회 (편) (2006). 한국행정학오십년(1956-2006).

행정자치부 (편) (2006a). 우리는 행복 바이러스를 꿈꾼다. 서울: 한국경제신문사.

행정자치부 (편) (2006b). 지적통계연보.

Shafritz, J. M., & Hyde, A. C. (Eds.). (2012). *Classics of public administration* (7th ed.). Washington, DC: The Brookings Institution.

(2) 편저의 장(章)(book chapter)

편저자의 이름, 저서명, 인용한 글의 페이지, 출판지명 및 출판사 이름을 표기한다. 하지만 편저자의 이름이 밝혀지지 않은 경우 편저자의 이름 없이 위의 서지 정보를 적어 준다.

:: 예 1

편집자가 밝혀진 경우

오재일 (2000). 지역사회에서의 지방정부와 NGO 관계. 박재창 (편), 정부와 NGO (pp. 301-333). 서울: 대영문화사.

Brighouse, H. (2008). Citizenship. In C. Mckinnon (Ed.), *Issues in political theory* (pp. 241-258). New York: Oxford University Press.

Gant, G. F. (2006). The concept of development administration. In E. Otenyo & N. Lind (Eds.), *Comparative public administration: The essential readings* (1st ed., Vol.15, pp. 257-285). Netherlands: Oxford.

Wilson, W. (1987). The study of adminstration. In J. M. Shafritz & A. C. Hyde (Eds.), *Classics of public administration* (pp. 10-25). Chicago, IL: The Dorsey Press.

Riggs, F. W. (1970). Introduction, The context of development administration. In F. W. Riggs (Ed.), *Frontiers of development administration* (pp. 3-37, 70-108). Durham, NC: Duke University Press.

:: 예 2

편집자가 밝혀지지 않은 경우

김재훈 (2007). 행정의 주체와 대상: 시민 vs. 고객. **참여정부의 정부혁신- 이론적 접근** (pp. 150-171). 서울: 대통령 자문 정부혁신지방분권위원회.

3) 개정판

개정판 정보는 저서명 다음 소괄호 안에 표기한다. 국내 문헌의 저서명과 개정판 정보 사이는 띄지 않는다.

:: 예

이종수 · 윤영진 외 (2008). **새 행정학**(제5판). 서울: 대영문화사.
정정길 · 최종원 · 이시원 · 정준금 · 정광호 (2010). **정책학원론**(개정 증보판). 서울: 대명출판사.

Dye, T. R. (2010). *Understanding public policy* (13th ed.). New York: Prentice-Hall.
Frederickson, H. G. (2004). Toward a new public administration. In J. M. Shafritz & A. C. Hyde (Eds.), *Classics of public administration* (5th ed.) (pp. 315-327). Belmont, CA: Wadsworth.

4) 일련번호를 가진 책

책이 여러 권으로 이루어졌고, 각각에 일련번호가 부여된 시리즈 형태일 때, 낱권에 붙은 저자명, 출판 연도, 저서명, 시리즈 이름, 일련번호 순으로 표기한다.

:: 예

양영철 (2007). 주민투표제. 정부혁신지방분권위원회 정책사례분석 시리즈 1.
안성민 · 손희준 · 배준구 (2007). 분권교부세. 정부혁신지방분권위원회 정책사례분석 시리즈 2.

5) 여러 권으로 이루어진 저서

책에 '시리즈'라는 명칭이 붙지는 않았더라도 여러 권이 모여 하나의 제목을 가진 것일 때, 저자명, 출판 연도, 낱권의 제목, 책 전체의 명칭, 연번이 있다면 연번의 순으로 표기한다.

:: 예

정부혁신지방분권위원회 (2008a). 참여정부의 혁신과 분권. 정부혁신지방분권 종합백서 1.
정부혁신지방분권위원회 (2008b). 참여정부의 행정개혁. 정부혁신지방분권 종합백서 2.

6) 미간(未刊) 원고

(1) 출판되지 않았고 출판을 위하여 제출되지도 않은 원고

:: 예

Bales, T. (2002). *Are public employees underpaid in a developing country?* Unpublished manuscript.
김학술 (2011). 거버넌스와 참여의 제도화. 미간 원고.

(2) 심사 중이거나 집필 중인 원고

:: 예

Rama, P. (2007). *Reflection on trade policy reforms*. Manuscript submitted for publication.
이논문 (2011). 행정통제의 재해석. 심사 중인 원고.

7) 익명의 저서

저자명을 확인할 수 없는 경우, 제목과 발행 연도, 출판지와 출판사를 기술한다.

:: 예

국가론 (1978). 서울: 일지사.

The burden of anonymity (1948). Nowhere: Nonsuch Press.

8) 번역서

번역서는 번역자, (역, 譯)이라는 표시, 번역서 서지 정보, 다음 원저자와 서지 정보의 순으로 표기한다.

:: **예**

정용덕 (역) (1998). **평등과 효율**. 서울: 성균관대학교출판부. 원저: Okun, A. M. *Equality and efficiency: The big tradeoff* (Washington, DC: The Brookings Institute, 1975).

이재규 · 서재현 (역) (2000). **미래의 조직**. 서울: 한국경제신문사. 원저: Hesselbein, F., & Goldsmith, M. et al. (Eds.). *The leader of the future* (San Francisco, CA: Jossey-Bass, 1996).

9) 연구 보고서

연구보고서는 저자, 발간 연도, 제목, 소속 대학 또는 연구원(소) 발행 연구보고서 일련번호를 적어 준다. 이때 연구보고서의 이름은 글꼴 '돋움'으로 표기한다. 연구기관(대학, 연구원 등)이 소속 연구원의 연구보고서를 출판한 경우, 인쇄소명 대신 해당 기관의 이름을 적는다.

:: 예

장지원 · 서성아 (2009). 한국 공공부문의 부패 실태 추이 분석. KIPA 연구보고서 09-15.
이병기 (2008). 지방자치단체 재난관리체계의 개선 방안. 서울: 한국지방행정연구원.

Nazzeo, J. et al. (1991). *Comparability of computer and paper and pencil scores for two CLEP generals: Examinations* (College Board Rep. No. 91-5). Princeton, NJ: Educational Testing Service.
United Nations Division for Public Economics and Public Administration (2002). *Benchmarking e-government: A global perspective -Assessing the progress of the UN members states.* http://www.unpan.org/ egovernment2/asp#survey. 검색일 2011.10.11.

10) 학술대회 논문집

:: 예

한국행정학회 (2008.10). 2008 한국행정학회 추계국제학술대회 발표논문집 VI -세계화와 공공 부문의 리프레이밍(Globalization & Reframing the Public Sector).

11) 출판되지 않은 학위 논문

:: 예

이동규 (2011). 초점사건 이후 정책변동 연구-한국의 대규모 재난 사례를 중심으로. 성균관대학교 박사학위 논문.

Getha-Taylor, H. (2007). *Specifying and testing a model of collaborative capacity: Identifying complementary competencies, incentive structures, and leadership lessons for the U.S. Department of Homeland Security. Dissertation.* Unpublished doctoral dissertation. Syracuse University, New York.

12) 동양 문헌

저자, 발행 연도, 서명, 출판지, 출판사를 기재하는 것이 불가능한 경우, 예를 들어, 삼국사기, 선조실록 또는 논어 등은 저서명만 표기한다.

13) 사전의 용어

:: 예

Marini, F. (2000). Public administration. In J. M. Shafritz (Ed.), *Defining public administration: Selections from the international encyclopedia of public policy and administration* (pp. 3-16). Boulder, CO: Westview Press.

14) 팸플릿

:: 예

한국행정학회 (2010). 2010 한국행정학회 동계학술대회- 행정학과 국가발전 전략. 팸플릿.

15) 전자 출판물

:: 예 1

서찬주 (역) (2006). 자본주의의 매혹. 휴먼앤북스. 원저: Muller, J. Z. *The mind and the market: Capitalism in Western thought* (New York: Random House, 2002).

:: 예 2

The World Bank (2006). Governance and anti-corruption ways to enhance the World Bank's impact. http://www.worldbank.org/ieg/governance_anticorruption.pdf. 검색일 2011.10.11.

(6) 영화, TV 제작물 등

제목은 글꼴 '돋움'으로 표기하고, 다음 상영 연도를 적는다.

:: 예

최종병기 활 (2011).

제 3 절 정기 간행물

1 서론

정기 간행물에 게재된 저작물을 인용한 경우, 본문 주(reference notes)는 인용 문헌의 출처를 본문 중에 괄호를 사용하여 밝히고, 참고 문헌(reference list)에서는 이들 인용 문헌의 리스트를 첨부한다. 다음 원칙을 준수한다.

① 문헌 인용은 꼭 필요한 경우에만 한다.

② 인용할 가치가 충분한 것만 한다.

③ 원(原) 저자의 의도에서 벗어나지 않아야 한다.

④ 가급적 간결하게 한다.

⑤ 1차 자료만 인용하고, 재인용은 재인용 표기를 한다.

2 본문에서의 인용 방법

1) 학술지 논문—본문 주(註) 유형과 예시

(1) 직접 및 간접 인용, 재인용

문헌 인용은 서술의 흐름에 따라 직접 인용할 수도 있고, 간접 인용을 할 수도 있다. 학술지 논문의 직접 및 간접 인용에 대하여는 제3장 제4절의 문장 표현, 문헌 인용 설명 중 관련 원칙을 참조한다.

가. 직접 인용

직접 인용에서 내용이 3줄 이하로 짧은 경우에는 본문에서 인용문의 앞뒤에, 직접 따오는 말에 쓰는 부호 “ ”, 즉 큰 따옴표를 사용하여 인용한다. 4줄 이상인 경우에는 본문에서 따로 떼어 기술하고, 인용 부분의 위아래를 본문에서 한 줄씩 띄우며, 글자 크기 10.0 pt, 양쪽 정렬, 좌우로 각각 30.0 pt씩 들여 적는다.

:: 예 1

유민봉 · 심형인 (2011)은 공직자가 얼마나 체면에 민감한가를 측정하기 위한 척도 개발에서 체면을 ‘행정학의 한국화’를 위한 주요 개념의 하나로 파악하고, 그 이유를 다음과 같이 설명한다.

> 또한 한국뿐만 아니라 다른 나라에서도 face 또는 facework (Goffman, 1967),[1] 인상관리 (Schlenker, 1980; Barrick & Mount, 1996), mianzi(面子) 또는 lian (Hu, 1944; Ho, 1976) 등 한국의 체면과 유사한 개념들에 대한 연구가 오랜 기간에 걸쳐 진행되어 왔다. 지금까지의 연구들은 일반적으로 동서양을 비교하여 체면을 유교 문화권의 독특한 특성 (Hu, 1944)으로 보는 관점과 동서양의 보편적 특성 (Ho, 1976; Brown, 1977; Bond & Hwang, 1986)으로 보는 관점이 있다. 이 논문에서는 체면이 서양보다 동양의 유교 문화권 사람들의 행동을 이해하는 데 중요한 역할을 한다는 관점을 취한다. 그 이유는 집단 중심적이고 관계 중심적인 동양 문화에서는 개인의 자기 의존감 (self-reliance)이나 자유 의지보다 타인과의 관계에 더욱 주목하기 때문이다 (p. 200).

:: 예 2

Lindblom (1959)은 자신의 논문 The Science of Muddling Through에서 점증주의 모형(incrementalist model)을 제시한 바 있다. Good (2011)는 자신의 연구에서 실제 예산 편성 과정에서 점증주의 현상이 지속되는가, 그렇다면 그것이 어떤 형태로 나타나는가를 연구 문제로 검토하면서, 점증주의 모형을 합리모형과 비교해 다음과 같이 설명한다.

> 합리주의 모형(rational comprehensive method)이 매번 기초부터 새로 출발해 경험이 이론 속에서 구체화될 때 비로소 과거의 것에 더 보탤 뿐, 언제고 다시 원래로 돌아가 완전히 다시 시작하고자 하는, 즉 '근본적' 방법('root' method)이라면, 이것[점증주의 방법]은 현재의 상황에서 한 단계 한 단계씩, 조금씩 더 쌓고 과거의 것에 계속 덧대고 늘려나가는 '부분적' 방법('branch' method)이다 (pp. 41-42).

나. 간접 인용

간접 인용은 저술 내용을 그대로 인용하지 않고 원문을 요약하거나 원문의 함축된 뜻을 연구자의 말로 표현하고, 인용 부호는 사용하지 않는다. 즉, 원문을 다소 변경하거나 요약하여 인용하는 것이다.

:: 예

박진경 · 원숙연 (2010)은 다문화 사회로의 이행이 빨라지면서, 관련 정책을 담당하는 공직자들이 과연 다문화 사회 및 관련 정책의 방향성을 어떻게 인식하는가에 대한 연구의 필요를 강조하고, 영향 요인을 검토하였다.

… 이후 많은 공공서비스 연구들이 이것을 이용해 만족도를 측정하였다 (예, Foster & Newman, 1998; Wisniewski, 2001; Kim, 2007).

… 타자(他者) 지향성은 사회 정의, 공공 이익 제고, 공공 문제에 대한 관심으로 연결되고 (Marty & Moore, 2000: 53), …

다. 재인용

재인용은 다른 저작에서 인용된 자료를 다시 인용하는 것이다. 재인용은 다른 연구의 인용 방법과 동일한 방식으로 표기하되, 인용 대상 연구의 출판 연도 뒤에 마침표 온점(.)을 하고 재인용 서지 정보를 제공한다.

:: 예

… 진행 속도가 늦어지고 있다는 증거이다(Garès, 2002. Nicholls, 2005: 794에서 재인용).

(2) 저자명 및 인용 방법

○ 저자명은 서술의 흐름에 따라 본문에 노출시킬 수도 있고, 괄호 속에 넣어야 할 경우도 있다. 저자명이 글에 나와 있지 않는 경우는 출판 연도와 함께 괄호 속에 표기한다. 저자명 다음의 괄호나 문장 다음에 괄호 안에 저자와 출판 연도 표기를 할 때 국·영문 작성에서 단어 사이를 띄우는 용례에 따라 둘 사이를 띄어서 적는다.

○ 인용은 서술의 흐름에 의거하여 전체 인용과 부분 인용을 할 수 있다.

:: 예 1

저자가 문장의 일부로 언급되는 경우:

박성희 (2009a)는 대통령 후보 합동 토론의 언어 네트워크 분석을 통하여 후보자들의 북한 관련 이슈 전략을 비교 분석하였고, …

Bebbington (2006)은 지방 역량의 기반 요소를 지역의 자산(asset) 또는 자본(capital), 지역의 인구를 통제하고 이용하는 능력으로, …

Goodin (2006: 6)에 따르면 리더십은 매우 복잡하고 다양하며, 그 경계가 명확하지 않은 사회 현상 중 하나이다.

예를 들어, Giacalone and Promislo (2010: 275)은 직장에서 근무자가 비윤리적 행동을 목격할 때 복지(well-being)의 감소를 주장한다.

:: 예 2

저자가 괄호 속에 분리되어 언급되는 경우:

특정 가치를 고수하는 개인이나 집단에 대한 '표명(statements)'이기도 하다는 것이다(Dunn, 2004: 440).

주민 참여의 필요성을 기존 연구 (이승종, 1993, 2005; 조석주·강인성, 2006) 중심으로 살펴보면 …

실증적으로 분석하고 검증해 보려는 시도는 아직까지 드문 편이다(Albrecht, 2006; D'Agostino et al., 2006; Dahlberg, 2001).

지방의 합리적 조세 체계 정립 등 사회경제적 시장 환경이 개선되어야 한다는 것을 전제로 하고 있다(Nijakamp et al., 2002: 1867-1868).

○ 영문 저자가 3명 이상이고, 저자가 문장의 일부로 언급되는 경우 마지막 저자 앞에 ', and'로 하고, 저자가 괄호 속에 분리되어 언급되는 소괄호 안의 표기는 ', &'로 적는다.

:: 예

Crittenden, Hanna, and Peterson (2009)은 냉소와 불신을 초래한다고 설명한다.

마찬가지로 갈등 당사자들은 갈등 프레임(conflict frames) 또는 갈등 스키마(conflict schemas)를 가지고 있다(Dewulf et al., 2009; Pinkley & Northcraft, 1994).

제도적 리더십을 ‘지도자가 자신과 조직을 둘러싼 제도적 배열과 상호작용하면서 조직과 과업의 가치 및 정당성(legitimacy)을 … 지도자의 행태 또는 과업’으로 정의하고자 한다(Currie, Lockett, & Suhomlinova, 2009; Boal & Schultz, 2007; Washington et al., 2007; Hargrove, 1989).

(3) 공저의 인용

- 저자가 3인 이내일 경우에는 첫 번째 인용 이후 인용에서도 저자를 모두 기재한다.

:: 예

첫 번째 인용:

O'Connell and Bligh (2009: 213)는 그 원인을 Enron, WorldCom, Tyco, Adelphia 등의 일련의 윤리 스캔들에서 찾는다.

안성민・최윤주 (2009: 3)는 유럽에서 채택되어 시행되고 있는 주민참여예산제를 ‘유럽형 포르투 알레그레’, … 등으로 구분한다.

구성원들의 비윤리적 행동(unethical behavior)은 조직 전체의 평판과 신뢰의 상실, 경제적 손해와 성과 저하 (Francis & Armstrong, 2003: 375; Orlitzky, Schmidt, & Rynes, 2003), 소송 비용의 …

두 번째 인용:

… 이라고 강조한다(O'Connell & Bligh, 2009: 215).

안성민・최윤주 (2009: 3)는 … 이라는 것이다.

… 의 급격한 위험의 증가로 나타나고 있다(Orlitzky, Schmidt, & Rynes, 2003).

○ 공저자가 4인인 경우에는 첫 번째 인용에서는 전체 공저자를 밝히고, 두 번째 인용부터는 제1저자만 표시한다.

:: 예

첫 번째 인용:

… 제도적 측면에서 지방정부는 여전히 형식적이고 네트워크 형성 자체가 미흡하다(현승현 · 이병기 · 김건위 · 추병주, 2009: 273).

일부 연구자들 (Mitchell, Balabanis, Schlegelmilch, & Cornwell, 2009; Mitchell & Chan, 2002)은 기업 비즈니스 관련 …

두 번째 인용:

… 여전히 구축하지 못하였다(현승현 외, 2009: 276).

… 불일치나 적극적 위반으로 간주한다(Mitchell et al., 2009).

○ 저자가 5인 이상인 경우에는 본문 첫 번째 인용에서도 제1저자만 표기한다. 국내 문헌의 경우 '○○○ 외', 영문의 경우 'et al.'로 나타낸다.

:: 예

첫 번째 인용:

… 본질적 가치를 다섯 가지로 밝히고 있다(이종수 · 윤영진 외, 2008: 175-183).

… 주로 업무 특성과 관련되어 있다(Smith et al., 2009).

두 번째 인용:

신공공관리론과 뉴 거버넌스와의 관계에 대하여 설명한다(이종수 · 윤영진 외, 2008).

… 손해의 규모 등을 모두 고려한다(Smith et al., 2009).

(4) 저자가 기관인 경우

저자가 기관인 경우에는 정식 기관명을 표기한다. 단, 첫 번째 인용에서는 정식 기관명을 밝히고, 두 번째 인용부터는 흔히 사용되는 약어(abbreviation)를 사용하여도 무방하다. 약어를 사용할 때는 처음에는 완전한 이름을 먼저 표기하고, 괄호 안에 약어를 표기한 후에 사용한다.

:: 예 1

첫 번째 인용:

중앙정부 차원에서는 국가평가위원회가 평가를 수행하며 (Délégation à l'Aménagement du Territoire et à l'Action Régionale. 이하 DATAR, 2002) …

두 번째 인용:

DATAR (2002)는 계획 계약에 관한 지침을 마련 …

:: 예 2

… 즉, 합의를 얻는 것에 초점을 맞추는 것이라고 한다(국가지속가능발전위원회. 이하 지속가능발전위원회, 2005: 82).

| 표 5-1 | 문헌 중복 인용의 방식

<table>
<tr><th colspan="2">구분</th><th>첫 번째 인용</th><th>두 번째 이후 인용</th></tr>
<tr><td colspan="2">1인</td><td>(최병선, 2002)</td><td>(최병선, 2002)</td></tr>
<tr><td rowspan="3">공저</td><td>2~3인</td><td>(안성민 · 최윤주, 2009)
(Orlitzky, Schmidt, & Rynes, 2003)</td><td>(안성민 · 최윤주, 2009)
(Orlitzky, Schmidt, & Rynes, 2003)</td></tr>
<tr><td>4인</td><td>(현승현 · 이병기 · 김건위 · 추병주, 2009)</td><td>(현승현 외, 2009)</td></tr>
<tr><td>5인 이상</td><td>(이종수 · 윤영진 외, 2008)</td><td>(이종수 · 윤영진 외, 2008)</td></tr>
<tr><td colspan="2" rowspan="2">기관(약어)</td><td>(Délégation à l'Aménagement du Territoire et à l'Action Régionale. 이하 DATAR, 2002)</td><td>(DATAR, 2002)</td></tr>
<tr><td>(국가지속가능발전위원회. 이하 지속가능발전위원회, 2005)</td><td>(지속가능발전위원회, 2005)</td></tr>
</table>

(5) 인용 순서

여러 개의 문헌을 동시에 인용할 경우, 인용 문헌의 직접적 관련성이나 참조 가치, 준거 능력 등의 기준에 따라 배열한다. 문헌들 사이는 쌍반점(;)으로 가른다.

:: 예 1

… 하는 노력으로 일관되어 왔다(김병훈, 2002; 박순애 · 이지한, 2005; 이수장, 2001; 전진석, 2003; 최미옥, 2005; 최연홍 · 오영민, 2004 등).

:: 예 2

프레이밍은 정책결정 과정의 담론적 성격을 설명하기 위한 것으로 (Campell, 2004; Payne, 2001; Schön & Rein, 1994), …

ㅇ 국내 문헌과 외국 문헌을 동시에 인용할 경우, 인용의 순서는 인용 문헌 내용의 직접적 관련성, 인용 필요순으로 한다.

:: 예

… 소속 집단이나 조직의 이해와 복리를 더 중시하는 집단주의적 조직 문화의 특성이 지배적인 경향이 있다고 한다(임준철 · 윤정구, 1998; Field, Pang, & Chiu, 2000; Muller & Iverson, 1999).

○ 한 저자의 다수 저서를 인용하는 경우에는 발행 연도순으로 한다. 국내 문헌의 경우 저자명을 기재한 후 발행 연도순으로, 외국 문헌의 경우 저자의 성을 기재한 후 발행 연도순으로 한다.

:: 예 1

그동안 여러 논자들 (박찬표, 2002a, 2002b; 성경륭, 1996; 안성호, 2001, 2006)이 남북 통일과 관련해 …

:: 예 2

… 이해 당사자들이 정책 과정에 직접 참여하여 영향력을 행사하려는 경향이 급속하게 증가하고 있기 때문이다(Rhodes, 1996, 1997; Pierre, 2000; Kooiman, 2000, 2003).

○ 한 저자의 발행 연도가 같은 다수의 저서를 인용하는 경우 발행 연도에 영문자 a, b, c 등을 부여하여 차례로 나열한다. 영문자 부여 순서는 참고문헌(reference)의 기재 순서를 따른다.

:: 예

… 극명하게 드러나는 '진보주의와 연고주의'의 이중주이다(안병영, 2002a).

… 이들은 민주주의의 절차적 합리성을 높이는 데 기여하였다(안병영, 2002b).

… 이 제도적 변화의 메커니즘을 형성한다(Streeck & Thelen, 2005a, 2005b).

(6) 각주의 표시

각주(footnote)는 본문에 표시하기 어려운 보충적인 내용이나 설명에 한하여 사용하고, 자료의 출처를 정확히 밝힌다. 각주는 본문에 매긴 번호와 같은 번호를 붙여 쓴다.

:: 예

… 그 중에서도 행정자치부 (1999)[2] 와 신문종합검색사이트(KINDS)[3] 가 주로 여기에 관한 정보를 제공한다.

---

2) 행정자치부(1999)에서는 1995년~1998년 6월까지 발생된 분쟁 사례들을 소개하고 있다.

3) 한국언론재단 KINDS(카인즈)는 기사 검색의 효과적 수단이다. 그러나 몇몇 주요 일간지가 빠져 있어, 네이버, 구글이 병행 이용되었다.

2) 익명, 미간(未刊) 원고

(1) 익명의 논문, 출판 예정 원고

출판을 위하여 작업이 진행 중인 원고는 '근간(近刊)'이나 'forthcoming'을 사용한다. 미간행 원고는 집필 연도를 표시한다. 연도가 나타나 있지 않을 경우 그 자리에 '연도 미상'이나 'n.d.'를 쓴다.

:: 예

… 김논문 (근간) …

… Tilly (forthcoming) …

… Jones (n.d.) …

위에서 n.d.는 not dated의 약자이다.

(2) 단체, 위원회, 사전 등

:: 예

거국일치 내각에서도 중도주의가 강조되는 수가 많았다(두산백과사전, 2010).

3) 잡지, 신문 기사

(1) 월간지, 계간지

월간지, 계간지 등의 기명 기사와 칼럼 등은 저자명, 발행 연도, 페이지 번호를 표기한다. 기자 또는 기고자의 이름이 없는 경우는 잡지명, 발행 연도, 해당 페이지를 적어 준다. 단, 참고 문헌에서는 연월일을 모두 기입한다.

:: 예

… 공산주의로 포장된 레닌주의나 스탈린주의는 이념이라기보다는 권력의 도구가 됐다(주간 동아, 2009: 14-17).

… (문화도시문화복지, 2006: 3-20).

(2) 신문 기사

신문 기사의 인용은 신문 이름, 발행 연도, 페이지 번호를 표기한다. 기명 기사와 칼럼은 저자명, 발행 연도, 페이지 번호로 표기한다. 참고 문헌에서는 월간 및 계간지에서와 같이 연월일을 모두 적어 준다.

:: 예

… (매일경제, 2010: 3).

… (김순덕, 2011: 12).

4) 번역서, 서평, 법령

(1) 번역서

번역서는 번역자의 이름과 번역서임을 표기하고, 발행 연도, 페이지를 기재한다.

:: 예

… 물질적인 객체화 양식을 필요로 한다(이기홍 역, 1999: 56-57).

(2) 서평, 편집자의 글

서평은 서평자명, 발행 연도, 페이지 번호를 표기한다.

:: 예

임도빈 (2010: 317-322)은 소영진 외 (2009)의 「딜레마와 제도의 설계」에 대한 서평에서 한국행정학의 토착화에 대해서 이종범 교수와 그 제자들이 천착해 온 '딜레마이론'에 관한 논의들은 딜레마를 주제로 한 연구 내용을 심화시켰다고 평가하고 있다.

"… 이러한 연구들이 우리 사회의 새로운 삶의 모델을 개발하는 데 기여할 수 있기를 기대해 본다"(전병유, 2011: 3-6).

(3) 법령

법령은 공식 명칭을 사용하며, 띄어쓰기를 하지 않고 모두 붙여 쓴다. 법령이 15 글자 이상으로 긴 경우에는 '(이하 ○○○)'라고 표시한 후 그 다음부터는 약칭을 사용할 수 있다.

:: 예

'성폭력범죄의처벌및피해자보호등에관한법률'(이하 성폭력특별법)은 1994년 1월 5일 법률 제4702호로 제정된 법률로서, 성폭력 범죄를 예방하고 그 피해자를 보호하며, 성폭력 범죄의 처벌 및 그 절차에 관한 특례를 규정한다.

- 이 밖에 법령의 조문은 "제0조 제0항 제0호"의 방식으로 기재하고, 외국의 법률은 당해 국가에서 일반적으로 사용되는 표기 방법에 따른다.

5) 인터넷 자료

본문 중에서 인터넷 검색 자료 인용 시에는 괄호 안에 자자명, 출판 연도, 페이지로 표기한다. 단 참고 문헌에서는 자세한 서지 정보와 함께, 웹 주소, 검색 일자를 기재한다.

:: 예

조직의 불만 고객과의 커뮤니케이션은 두 부분으로 이루어진다(Vaerenbergh, Vermeir, & Lariviere, 2010: 3). 하나는 조직이 자신들이 문제의 원인을 제거했기 때문에 그러한 실패가 다시 일어나지 않을 것이라고 말하는 것이고, …

위 인터넷 자료의 참고 문헌 표기는 다음과 같다.

Vaerenbergh, Y. V., Vermeir, I., & Lariviere, B. (2010, May). *Why do process recovery communications work? Investigating the mediating role of stability attributions and perceived relationship investment.* Paper presented at the 11th International Research Seminar in Service Management. La Londe les Maures, France. http://www.cerog.org/lalondeCB/SM/2010_lalonde_seminar/papers/p32-133-vanvaerenbergh-vermeir-lariviere-rev31-3-2010.pdf. 검색일 2011.10.11

3 참고 문헌 예시

1) 학술지 논문

국문 학술지 명칭은 글꼴 '돋움'을 사용하여 논문의 제목과 구분 표기하고, 영문 학술지는 명칭은 이탤릭체로 적는다.

(1) 저자가 1인인 경우

:: 예

박길환 (2011). 적정의 감각에 바탕한 '보이지 않는 따듯한 손': '국부론'과 '도덕정서론'에 나타난 '자기애'와 '이기심'의 차이를 중심으로. 한국행정학보, 45(2): 115-137.

Hambleton, R. (1988). Consumerism, decentralization and local democracy. *Public Administration*, 66(Summer): 125-147.

Houston, D. J. (2011). Implications of occupational locus and focus for public service motivation: Attitudes toward work motives across nations. *Public Administration Review,* 71(5): 761-771.

(2) 저자가 2인인 경우

:: 예

유민봉 · 심형인 (2011). 공무원의 체면 민감도 척도 개발 연구: 척도 타당화를 중심으로. 한국행정학보, 45(3): 335-364.

Lambright, W. H., & Quinn, M. M. (2011). Understanding leadership in public administration: The biographical approach. *Public Administration Review*, 71(5): 782-790.

(3) 저자가 3인 이상인 경우

참고 문헌에서는 본문에서의 인용과 달리, 저자가 3인 이상으로 그 숫자가 많은 경우라도 모든 저자들의 이름을 적어 준다.

:: 예

윤주철 · 양지숙 · 전영한 (2011). 조직 개편, 기관 특성, 그리고 정치적 환경: 한국 중앙행정 조직의 생존 기간에 관한 실증 분석. **한국행정학보**, 45(2): 187-213.

Mitchell, V. W., Balabanis, G., Schlegelmilch, B. B., & Cornwell, T. B. (2009). Measuring unethical consumer behavior across four countries. *Journal of Business Ethics*, 88(2): 395-412.

Pitts, D., Marvel, J., & Fernandez, S. (2011). So hard to say goodbye? Turnover intention among U.S. federal employees. *Public Administration Review*, 71(5): 751-760.

2) 학회 발표 논문

:: 예

이윤경 · 문명재 (2011.4.). **한국 정부기관 규모와 공공기관 규모 간 상관성에 관한 탐색적 연구.** 한국행정학회 춘계학술대회 발표 논문. 부산광역시.

한창섭 (2007.6). 책임운영기관의 성과관리체제에 대한 제도주의적 분석. **한국정책학회 하계학술대회 발표논문집**, pp. 65-82.

Van de Walle, S. (2005, June). *Decontaminating subjective corruption indicators: The effect of predispositions towards government on perceptions of corruption.* Paper presented at the EGPA annual conference. Leuven, Belgium.

3) 월간지, 계간지 등의 논문이나 기명 기사

국문 잡지의 명칭은 글꼴 '돋움'으로 적어 기사의 제목과 구분한다. 영문 잡지 명칭은 이탤릭체로 적는다.

:: 예

성용락 (2004). 성과감사의 수행 과정 및 방법론. 계간 감사, 가을호: 75-88.

오동룡 (2011. 10). MB 정부, 9조 원 국책사업 특정 업체에 몰아주려 하나?. 월간 조선, pp. 101-122.

Grossman, L., & McCracken, H. (2011). The inventor of the future. *Time Magazine*, 178(15): 3-5.

4) 일간지 및 주간지의 기명 기사와 칼럼

국문 일간지 및 주간지 명칭은 글꼴 '돋움'을 사용해 적는다. 영문 일간지 및 주간지 명칭은 이탤릭체로 표기한다. 날짜는 본문 인용 시에는 연도만 적지만, 참고 문헌에서는 괄호 속에 연월일을 모두 표기한다.

:: 예

전문직 부럽지 않은 中 헤이룽장성 농민. 조선일보(2011.10.9), p. 13.

정진우 (2009.9.30). 지자체 자율통합의 조건. 매일경제, p. 5.

Warrack, J. (2011.10.9). Iraq, siding with Iran, sends essential aid to Syria's Assad. *The Washington Post*, p. A1.

5) 인터넷 자료 등

○ 인터넷 사이트에서 검색 자료를 읽고 인용한 경우, 구체적인 출처와 검색 일자를 표기한다.

:: 예

인터넷 검색 자료는 본문 중에서 직접 또는 간접 인용할 때에는 저자 또는 저작물 이름, 인용 페이지를 적으나, 참고 문헌에서는 인용 문헌의 서지 정보와 함께 웹 주소, 검색 일자를 모두 적는다.

Melchor, O. H. (2008). Managing change in OECD governments. http://www.oecd-ilibrary.org/governance/managing-change-in-oecd-governments_227141782188. 검색일 2011.10.6.

예시 5-1

본문 쓰기

가치는 '바람직한 것에 관한 사람들의 관념'으로서 사람들의 행동을 결정하는 근본이자 기본 원리로 작용하는 것이다(오석홍, 2004; 김영종, 2008). 정책의 가치지향성은 정책학을 연구하는 여러 학자들에 의하여 강조되어 왔다(허범, 1982; Dunn, 2004; 사공영호, 2008; 정용덕, 2009). 허범 (1982)은 정책학은 지향성(policy orientation)을 내포하고 있고, 이는 정치지향성과 가치지향성으로 구분된다고 규정한다. 특히 정책은 "어떤 문제와 행동이 타당한 것인가에 관한 결정으로 어떤 판단의 기준과 척도를 적용할여야 하는가에 관한 가치판단적 결정을 요구"(허범, 1982: 277)하기 때문에 정책의 가치지향성은 필연적이라고 보았다.

인용 문헌 사이는 ';'으로 구분함

직접 인용은 " "로 묶고, 해당 페이지를 명기함

… … …

대통령의 연설문은 공적 표현양식으로 취임사, 이임사, 국회연설, 전쟁선포 등 각기 상황에서 강력한 커뮤니케이션 효과를 나타내는 공적 담론으로서의 대통령 언어는 '대통령 수사학'이라는 장르로 인식되고 있다 (Campbell & Jamieson, 1990. 박성희, 2009b에서 재인용). 특히 대통령제를 채택하고 있는 우리나라의 경우 최고 통치자이자 정책결정자로서 대통령의 연설문은 정권의 가치지향이나 정책 우선순위를 표현하는 국정목표나 국정철학 및 방향을 규정한다(이우권, 2007). 그 중요성에도 불구하고 언어분석을 통하여 가치지향이나 정책 우선순위를 분석한 실증연구는 국내외적으로 제한적이다(주재현, 1998; Lim, 2002; 남인용·박한우, 2007; 이창수, 2008; 박성희, 2009a, 2009b).

재인용임을 표기함

인용은 국내, 외국 문헌 구분 없이 직접 관련성 기준으로 배열함

저자가 둘 이상일 때 가운뎃점(·)으로 구분함

자료: 이창길 (2010). 정권 초기의 가치지향과 정책우선 순위: 참여정부와 이명박 정부의 언어 네트워크 비교 분석. 한국행정학보, 44(3), pp. 166-168.

저자의 동일 출판 연도 둘 이상의 문헌을 인용할 경우, a, b로 구분 표기함

예시 5-2

본문 쓰기

SLR은 2006년 현재 16개 주정부에서 채택 운영하고 있다. TEL의 도입과 유사하게 1992년부터 1996년까지 4년 동안 9개 주에서 SLR를 채택하였다. 구체적으로 콜로라도, 캘리포니아, 미주리, 워싱턴과 같은 주에서는 SLR를 TEL과 병행하여 주정부의 세입과 세출을 통제하고 있고, 애리조나, 델라웨어, 플로리다, 루이지애나, 미시시피, 네바다, 오클라호마, 오리건 같은 주에서는 SLR를 TEL과 분리하여 운영하고 있다. 아칸소, 켄터키, 사우스다코다 같은 주에서는 SLR를 채택 운영하고 있으나 TEL제도를 채택하고 있지 않다(Resnick, 2004; Waisanen, 2007).

… … …

제도적 요인으로 미국 주정부의 TEL과 SLR이 주 전체 교육재정 지출에 어떤 영향을 미치는지를 경험적으로 분석하기 위해 다음과 같은 실증분석 모델을 활용한다.

$$\text{교육비지출}_{it} = \beta_0 + \sum \beta_j \cdot X^j_{it} + \sum \beta_k \cdot T^k_t + \sum \beta_l \cdot S^l_i + v_{it} \quad \text{----------- (1)}$$

위의 방정식 (1)에서 교육비 지출은 다음과 같은 4 가지의 종속변수, ①학생 1인당 교육비 지출액, ②연간 학생1인당 교육비 증감율, ③주민1인당 교육비 지출액, ④연간 주민1인당 교육비 증감율을 활용한다. 여기서 교육비 지출은 유치원에서부터 고등학교까지의 교육비 지출을 포함하며, 전문대 이상의 고등 교육비 지출은 연구범위에서 제외한다.[6] 독립변수군(X)에는 TEL과 SLR의 제도적 요인, 주의 재정능력(revenue capacity), 정치적 요인, 사회인구적(socio-demographic) 특성 등 다양한 요인들을 포함하였다. 경험적 추정을 하는데 있어 주별 고정효과(state-fixed effects)와 연도별 고정효과(year-fixed effects)를 활용하였으며, S는 주별 고정효과를, T는 연도별 고정효과를 나타낸다.

자료: 홍성우·배수호 (2010). 미국 주정부의 교육재정 지출 결정요인 분석: 제도적 요인으로 TEL과 SLR을 중심으로. 한국행정학보, 44(2), pp. 339-360.

본문 글자 크기는 11.0 pt로 한다.

연도는 명확히 표시하되 접미사 앞의 공백은 없음

외래어 표기법에 따르고, 영문을 병기하지 않음.

수식의 번호는 (1), (2) 등 우측정렬하여 표시함

혼동하기 쉬운 수식은 명확히 표시함.

각주는 위첨자를 활용함

3개 이상 항목을 나열 시 '그리고', '등'을 사용함

글꼴은 '돋움'으로 표기한다.

예시 5-3

참고 문헌

마침표를 찍지 않고, 한 칸을 띄움

국문과 영문 문헌 모두, 문단을 왼쪽으로 정렬시킴

참고 문헌

… … …

윤우곤 (1998). 행정과 경영의 비교 연구: 행정과 행정학의 미래. 한국행정학보, 32(4): 1-18.

총무처 직무분석기획단 (1997). 신정부혁신론 – OECD국가를 중심으로. 서울: 동명사.

총무처 행정관리국 (1982). 정부조직관리의 이론과 실제.

국내와 외국 문헌 사이를 띄우지 않음

Allison, G. T. (1992). Public and private management: Are they fundamentally alike in all unimportant respects? In J. M. Shafritz & A. C. Hyde (Eds.), *Classics of public administration* (pp. 457-475). Belmont, CA: Wadsworth.

R. N. 사이를 띄움

Ashkenas, R. N., DeMonaco, L. J., & Francis, S. C. (1998). Making the deal real: How GE Capital integrates acquisitions. *Harvard Business Review* , 76(1): 165-178.

Cartwright, S., & Cooper, C. L. (1992). *Mergers and acquisitions: The human factor*. Oxford, UK: Butterworth-Heinemann.

Gordon, G. G. (1991). Industry determinants of organizational culture. *Academy of Management Review,* 16(2): 396-415.

… … …

국문과 영문 문헌 모두, 문단 모양을 '내어쓰기' 10.0 pt로 작성함

문장의 첫 단어만 대문자로 표기

문단 끝 단어와 쌍점 사이를 띄우지 않음

자료: 정진우 (2001). 조직 개편 이후 조직 통합을 위한 관리 전략에 관한 연구 – 재정경제원을 중심으로. 한국정책학회보, 10(1), p. 208의 '참고문헌'을 '예시'에 맞게 재구성. 한국정책학회(Copyright©2001)로부터 사용 동의를 얻음.

'자료' 글자 크기 10.0 pt이다.

참고 문헌

Coghill, A. M., & Garson, L. R. (Eds.) (2006). *The ACS style guide – Effective communication of scientific information* (3rd ed.). New York, NY: Oxford University Press.

Gibaldi, J. (1999). *MLA style manual and guide to scholarly publishing* (2nd ed.). New York, NY: The Modern Language Association of America.

Modern Language Association of America (2009). *The MLA handbook for writers of research papers* (7th ed.). New York, NY: MLA.

The American Psychological Association (2010). *Publication manual of the American Psychological Association* (6th ed.). Washington, DC: The American Psychological Association.

The University of Chicago (2010). *The Chicago manual of style* (16th ed.). Chicago, IL: The University of Chicago Press.

Turabian, K.L. (2007). *A manual for writers of research papers, theses, and dissertations* (7th ed.). Chicago, IL: University of Chicago Press.

찾아보기

ㅍ

ㅎ

편자 소개

김병섭

학력: 서울대 학사(1976), 서울대 석사(1978), University of Georgia 박사(1990) 학위 취득
대표 저서: 『편견과 오류 줄이기』(법문사, 2010), 『휴먼조직론』(공저. 대영문화사, 2008) 등
논문: 공공기관 임원의 정치적 임명에 관한 연구 (공저. 『한국행정학보』, 2010), 주민참여 통로의 효과성 연구 (공저. 『한국행정학보』, 2010) 외 다수
경력: 한국행정학회장 (2011), 대통령 자문 정부혁신지방분권위원회 위원장 (2006~2008)
(현) 서울대학교 행정대학원 교수

박홍식

학력: 중앙대 학사(1980), 서울대 석사(1985), Florida International University 박사(1991) 학위 취득
대표 저서: 『내부고발의 논리』(나남, 1999) 등
논문: 서베이에 의한 정부 성과의 측정과 자기 본위 편향 및 갈등적 인식의 영향 (공저. 『한국행정연구』, 2011), The role of transparency and trust in the relationship between corruption and citizen satisfaction (Co-authored. *International Review of Administrative Sciences*, 2011) 외 다수
경력: 대통령 자문 정부혁신지방분권위원회 위원 (2005~2008), 고위공무원단 역량평가 위원 (2008~현재)
(현) 중앙대학교 공공인재학부 교수

김준기

학력: London School of Economics 학사(1987), Harvard 석사(1989), Harvard 박사(1996) 학위 취득
대표 저서: 『정부와 NGO』(박영사, 2006) 등
논문: 국내 준정부 조직의 기능변화와 사업 특성에 관한 연구 (공저. 『행정논총』, 2011). The emergence of the quasi-government sector in Korea (Co-authored. *International Review of Public Administration*, 2003) 외 다수
경력: 대통령 직속 정책기획위원회 위원 (2005~2007), 중앙분쟁조정위원회 위원 (2010~현재)
(현) 서울대학교 행정대학원 교수

김태일

학력: 서울대 학사(1983), 서울대 석사(1987), Carnegie Mellon 대학 박사(1995) 학위 취득
대표 저서: 『복지재정과 시민참여』(공저. 나남, 2007) 등
논문: 복지에 대한 정부 역할 인식의 비교 분석 (공저. 『사회보장연구』, 2011), 복지재정과 국가 부채의 관계 (2011) 외 다수
경력: 한국행정학회 편집이사 (2010~현재)
(현) 고려대학교 행정학과 교수

이창길

학력: 전남대 학사(1984), 서울대 석사(1986), Cornell University 박사(2001) 학위 취득
대표 저서: 『조직학의 주요 이론』(공편저. 법문사, 2011) 등
논문: The international diffusion of public-sector downsizing: Network emulation and theory-driven learning (Co-authored. *International Organization*, 2006), 정권 초기 가치 지향과 정책 우선 순위: 참여정부와 이명박 정부의 언어 네트워크 분석 (『한국행정학보』, 2010) 외 다수
경력: 행정고시 합격, OECD정부혁신아시아센터 소장, 고위공무원단 역량평가 위원
(현) 세종대학교 행정학과 교수

정진우

학력: 서울대 학사(1990), 서울대 석사(1993), 서울대 박사(2000) 학위 취득
대표 저서: 『전자정부 혁신성과와 평가』(인제대학교출판부, 2008) 등
논문: 조직 개편 이후 조직 통합을 위한 관리 전략에 관한 연구: 재정경제원을 중심으로 (『한국정책학회보』, 2001) 외 다수
경력: 대통령 자문 정부혁신지방분권위원회 위원 (2005~2008), 정부산하기관 경영평가단 위원 (2005~2007)
(현) 인제대학교 행정학과 부교수

한승준

학력: 연세대 학사(1988), 연세대 석사(1990), University of Paris I (Pantheon-Sorbonne) 박사(1997) 학위 취득
대표 저서: 『조사방법의 이해와 SPSS 활용』(대영문화사, 2006) 등
논문: 외국인 정책의 사회적 형성에 관한 연구: 결혼 이주자와 외국인 근로자의 사례를 중심으로 (공저. 『한국정책학회보』, 2011), 영화지원 정책의 이데올로기 경향성 연구: 영화진흥위원회를 중심으로 (『행정논총』, 2010) 외 다수
경력: 국무총리실 정부업무평가전문위원, 문화재청 자체평가위원
(현) 서울여자대학교 행정학과 교수

학술 원고 작성 매뉴얼

펴낸날 / 제1판 제1쇄 2011년 11월 30일
지은이 / 김병섭 · 박홍식 외
펴낸이 / 임춘환
펴낸곳 / 도서출판 대영문화사
주소 / 서울 용산구 청파동 1가 178-2 ㊐ 140-869
등록 / 1975년 12월 26일 제3-16호
전화 / (02)716-3883, (02)714-3062
팩시밀리 / (02)703-3839
우체국 온라인 / 011353-02-009106

ISBN 978-89-7644-389-2

〔값 10,000원〕

* 궁금한 사항이나 오류는 편집위원회(전화 736-4977, edit@kapa21.or.kr)로 알려 주시기 바랍니다.